ホスピタリティー入門

海 老 原 靖 也 著

大正大学　まんだらライブラリー

はじめに

科学の発達した現代は、文明と同時に経済社会をも大きく発展させました。しかも、経済偏重に傾きつつある社会では、人々のもつ微妙で繊細な「心や気持ち」は置き去りにされ、時には忘れられることもあります。

一部上場の企業が食品事故を起こし、経営者が消費者を軽視するような無責任な発言をしただけで、その会社は潰れてしまいました。また世界に名だたる大企業が、トラックの脱輪事故で多くの死者を出しました。その原因が自社の製品不備にあるにもかかわらずリコール措置を取らず、その事実を社内で隠蔽していた事が発覚し、この企業は大ピンチに陥ってしまいました。社会は食品事故や死傷事故の責任も追及しますが、さらには責めているわけではありません。企業のこうした処理の不手際に一層の憤りを感じているのです。企業のあまりに不遜な対応、つまり「心や気持ち」のない対応に許しがたい憤りを感じているわけです。

最近ようやく環境や健康についての取り組みが始まりましたが、「心や気持ち」への取り組みについては、どうでしょうか。私たちにとって一番気にかかる問題にもかかわらず、まだそれほど重要な問題としては扱われていないように思われます。

また夫婦間のいさかい、子供の病気、嫁と姑のトラブルといった家庭内の問題を、誰も職場に持ち込みたくはありません。しかし、家庭内の問題を抱えたまま、職場に出たとしたら、個人的な感情が職場に影響を及ぼしかねないにもかかわらず、そのまま放置される場合が多いのが現状です。

職場で上司や同僚とうまくいかず、許せない、悔しい、悲しいという思いが募り、ついには自分をコントロール出来なくなり、ついに職場全体の仕事にも影響が及ぶケースもあります。問題が修復されない場合は、せっかく入社した会社を退職するという結果にもなりかねません。しかし社員一人が辞めたからといって、問題が解決されたわけではありません。辞めた後も新たに類似した問題は起こるからです。

企業の業績も、人の感情に左右されることがあります。部門間や職場内の人間関係がギクシャクしてコミュニケーションがうまくとれず、部下が上司の指示に素直に従わず仕事がうまく流れない、働いている人たちにやる気が感じられない、これが原因で業績低下に陥ることはよくあることです。ところが、大抵の企業はこうした人の「心や気持ち」の問題に気付かぬまま、放置しています。「心や気持ち」といっても精神的な病気をさしているわけではなく、あくまでも感情のこじれだったり、気後れだったりということが多いので、企業はたいした問題と思わず組織変更や業務の改善、社員教育で何とかしようとするのです。

例えば、顧客が増えないと嘆いているホテルや旅館にありがちなことですが、顧客が増えない原因は競争が激しいからで、競争に勝つためには競合ホテル・旅館に負けない施設をつくることだ、と主張します。しかし、大金をかけ立派な施設をつくっても、やはり顧客は増えません。こうしたホテルや旅館の大きな問題は、そこで働く人々の「心や気持ち」に原因がある場合が多いのです。人の「心や気持ち」にある問題を無視していては、何も解決しません。

近年注目されているのが「ホスピタリティー」の概念です。ホスピタリティーという言葉は知らなくても、「ホスピタル（病院）」や「ホスピス（終末医療施設）」という言葉は聞いたことがあると思います。いずれも同じラテン語の「ＨＯＳＰＥＳ」（異国の友・旅行者）が語源で生まれました。困っている人を助けるという気持ちで、相手を思いやったり、看病したり、おもてなしするという意味が根底にあって生まれた言葉です。

経済が成熟しモノが溢れている現代になって、サービス産業はもちろん全ての業界に共通して求められているのが、ホスピタリティーです。売り手側は商品にホスピタリティーを加えて製造・販売し、買い手側は商品に売り手のホスピタリティーを加えたものを商品価値として評価する時代になっているのです。売上げを上げるには「単価を低く抑え数量を多く売る（量販店方式）方法と、差別化された商品少量を高単価で売る（ブランド商品販売方式）方法の二種類ある」と言われていますが、私は消費者が自社商品を選んでくれるためには「商品そのものの価値＋ホスピタリティーの評価」が必要だと考えます。

では一体、ホスピタリティーとは何なのでしょうか？

〝ホスピタリティー〟は誰でも使いこなせ、誰にでも効果があるもの。ただし、それにはホスピタリティーを正しく理解して、その発揮方法を習得しなければなりません。人の「心や気持ち」を大切にすることで、自分の思いが人に伝わり、しかも人に喜んでもらえるというものが、ホスピタリティーの基本。このホスピタリティーを上手に使いこなせば、本来求めている個人、企業、社会の様々な目的が達成される可能性が大きくなります。個人の目的とは、すばらしい人間関係の構築であり、企業の目的とは、社内のスムーズな人間関係から取引先との信頼関係、さらに売り上げ増進と利益の拡大であり、社会全体の目的とは、思いやりのある幸福な社会生活の達成ではないでしょうか。

本書は、サービス業に従事している方はもちろんのこと、製造業、あるいは国や地方自治体などに従事している方、さらにそのサービスを受けている方にも読んでいただきたいと思います。世の中のありとあらゆるシーンで見かけるサービスというものは、みな同じ土俵に立っているということをご理解いただきたいのです。そして、その原点がホスピタリティーであることを理解してください。自分の身の回りで起こるさまざまなシーンで、このホスピタリティーを発揮したり、受け取ったりしていただきたいと願っています。

ホスピタリティー入門

—ホスピタリティーがサービス経済社会を変える—

目次

第1章　サービス産業におけるホスピタリティーの重要性

1. なぜ今ホスピタリティーなのか？

科学や技術の発達した現代社会において、第三次産業時代がなぜサービス産業時代と呼ばれるのかを考えてみる必要があります。モノを売るには、科学技術に支えられた商品力だけで市場を制覇しようとしても無理があり、たとえ優れた商品であっても、それだけでは市場で優位に立つことはできません。購買意欲のある消費者に自社商品を選んでもらうには、もう一つ重要な要素が必要です。それが人の「心や気持ち」を考えたもてなしの基本、ホスピタリティーなのです。企業活動にホスピタリティーが必要だから、第三次産業はあえてサービス産業と呼ばれているのです。ホスピタリティーという言葉自体は、本来ホテルなどの接遇の原点として使われてきた言葉ですが、今やホテル業界にとどまらず、第三次産業全体つまりサービス産業界で必要不可欠なビジネス上の重要要素として取り上げられるようになっています。

英語のホスピタリティーの語源は、ラテン語のホスペスに端を発し〝思いやり〟とか〝おもてなし〟といった、人に対する愛情や優しさを示しています。ローマ時代の人々には、異国の旅人に無償で宿舎や食事を提供する習慣があり、時には怪我人や病人の介護や世話をする人々もいました。こうした「人をもてなす人」をホスペス、「人をもてなす部屋」をホスピタリアといい、その派生語に「ホテル」「ホスピタル」「ホスピタリティー」「ホスピス」などがあります。

日本人は本来、人に対する思いやりや優しさをもち合わせていましたが、残念ながら今日の社会では、こうした民族的な特性が発揮される場面を見る機会が少なくなっています。しかし、私たち日本人がホスピタリティーを理解するのはさほど難しいことではありません。むしろ、ホスピタリティーは簡単に理解出来るもので、日本人本来の思想や性質に融合し易いものです。ただ、これを効果的に発揮することに多くの人が手こずっているのです。

人類は長い時間をかけて、自らの社会生活の基盤を築いてきました。かつては第一次産業中心であった社会が、新たな産業である第二次産業を生み出し、産業従事者は第一次産業から第二次産業へと移行しました。しかし科学や文化の発達によってサービス業が第三次産業となり、近代化の進む国々ではサービス産業に従事する人たちが、人口の半数以上を占めるに至りました。

日本でも戦後間もない1947年（昭和22年）は、サービス産業従事者が人口の約23%でしたが、2003年（平成15年）には、3倍の70%弱がサービス産業従事者です。日本ではエネルギー供給、通信、流通、金融、サービス、学校を含む公共機関など、個々の業種のシステムやマネジメント技術、専門分野の知識については、熱心に研究、開発、教育してきました。しかし肝心なサービスの基本となるホスピタリティーについては、全くと言っていいほど教育してはいません。おそらく、仕事のシステム、技術、知識を理解する上で関係のないことだと考えていたからでしょう。さらに国際市場で勝ち残るには、国家の近代化と自立しか道はないと、世界各国が自国の基盤づくりに夢中になり、情報の収集、技術の開発、知識の集積による経済発展を最優先に考えていたからに違いありません。つまり、「人より技術」「心よりモノ」を優先にしてきたために、産業の根本にとって必要なホスピタリティーの精神がおきざりにされてきたのです。

日本は第二次大戦後、見事に復興し、さらに高度成長期には、このアジアの小国を世界有数の経済大国にまで成長させました。戦後の日本経済は、規格大量生産型で近代工業社会を確立させましたが、同時に人間も工業製品と同様に規格大量生産型の個性や創造力の欠けた人間を作り出してしたきらいがあります。さらにコンピューターの普及により、産業は多品種少量生産へと変化し、グローバル経済により、市場は世界規模に拡大しました。こうした社会変化を受けて、企業はサービスに対する考え方や認識について、多くの批判を受けるようになってきたのです。

国際社会が近代化を推進するにつれて、サービス産業の人口比率は拡大していきます。サービス産業は多種多様で、電気・ガス・熱供給・水道業、運輸・通信業、不動産業、卸売・小売業、飲食業、金融・保険業、サービス（個人・事業所・公共）業、こうした業種までを総称してサービス産業と言います。高度情報化時代ではサービス産業は人間の生活や生産活動を助け、社会の中心的な役割を果たしています。

日本国民の70％近くがサービス産業従事者にもかかわらず、私たちはサービスについてしっかり学んだ経験がありません。小学校から大学まで学業を学び、さらに専門課程へと知識を身につけてきましたが、サービスについて学んだ人はほんの一握りの人しかいない、この事実から目をそむけるわけにはいかないのです。

①サービスとは

多くの人は「サービス」の意味を、買い手側からは〝割引価格もしくは無料で提供される商品〟あるいは、売り手側からは〝商品を上手に販売するための知識や技術〟と単純に捉えています。さらに、切り口を変えた販売行為の〝迅速さ〟〝丁寧さ〟〝親切さ〟、販売後の〝保証〟や〝メンテナンス〟と捉えていることもあります。いずれのサービスの捉え方も間違っているわけではありません。

たしかに私たちが商品を買うとき、数がいくつかまとまると「サービスして」と言いますが、これは「一つおまけして」という意味

サービスをイメージで分類した場合	
接遇に関わるサービス	消費者から見た商品提供側の印象。提供者の言動や態度など。
業務の専門性や処理能力に関わるサービス	消費者に安心感を与える豊富な専門知識と有効な情報提供。提供側の迅速な対応、丁寧な処理など。
金銭的なサービス	価格の割引、商品の無償提供（おまけ）など。
信頼性に関わるサービス	提供側の安全性や商品の保証とか修理に対する責任体制など消費者の持つ信頼感や安心感。

と同意語で使っています。この場合のサービスは、買い手側が沢山買った見返りに、売り手側に好意として「無料で商品を提供して欲しい」と言っていることです。日本語のサービスは金銭授受を伴わない行為を指している場合が多いのです。サービス（service）という英語の語源は、ラテン語の servus で奴隷または奉仕をすると言う意味があり、英語の slave（奴隷）も同じ語源です。つまりサービスとは、本来は召使が主人に（当然無料で）奉仕することで、日本語のサービスの意味に近かったわけです。

②サービスの歴史

それではここで、古代からのサービスの歴史を振り返ってみましょう。サービスに関わる歴史的背景を時系列で説明します。

●古代

人が人にサービスした宿泊施設の歴史は古く、古代ギリシャや古代ローマ時代に遡る。ホテルという言葉の語源であるラテン語のホスペス（異国の友）は380年頃ローマの貴族でキリスト教徒であったファビオラが、長旅に疲れた巡礼たちに食べ物や宿泊を提供し、怪我人や病人に手当てを施す家を造ったことが始まり。

●中世

その昔、人々は聖地への巡礼のために旅に出た。当時、宿屋はなく、旅の途中は、野宿するか修道院などに泊めてもらうしかなかった。日本や西洋でも中世の封建社会では旅行現象が停滞し、サービス業とかかわりの深い宿泊施設はほとんど発達しなかった。

●15世紀

15世紀になると、人々は、巡礼以外でも、旅行するようになる。そこで、修道院以外にも、宿泊する施設が必要となり、寝る場所と食事を提供する宿屋、つまり「Inn」が出現した。規模としては小規模で民家を大きくした程度であったが、これがビジネスとしてのサービス業の始まりであった。

●16・17・18世紀

16～18世紀のヨーロッパは絶対主義の時代。重商主義のもとで巨万の富を築き国王、官僚、軍人を独占した貴族や新興商業資本家は栄耀栄華を極めた。こうした社会体制で市民社会を基盤としたサービス業が発達することはなかった。１７６０年に、イギリスで産業革命が起こり、生産性が飛躍的に向上し、貴族階級の他に、新興財閥が新たな階級として現れた。また、１７８９年には、フランス革命が起こり、ベルサイユ宮殿を中心に栄華を誇った王政が排除された。その結果、上流階級の社交の場であった宮殿が使えなくなった。リッツホテル創始者でありサービスマンとして卓越した才能を持ったセザール・リッツ（１８５０～１９１８）は、ホテルをその代りの場所として、上流階級の人々に提供した。また、宮廷料理人たちも、宮廷での仕事がなくなり、街に出てレストランで働くようになった。

●19世紀

19世紀の後半、セザール・リッツは、西洋料理史上最も偉大な料理人ジョルジュ・オーギスト・エスコフェ（1846〜1935）とコンビを組み、従来の宿泊中心の「Inn」とは全く違った高級な宿泊施設「Hotel」をいくつか開業させた。リッツのホテルのサービスは多くの貴族や富裕階級の人々を喜ばせた。ホテルで事前の予約なしに手間のかかる高級フランス料理を食べられるようにしたり、男性が女性や家族同伴でホテルを利用できるようにしたのもリッツである。リッツはこのように、宿泊客を徹底的にもてなすことにより、サービスの有料化を確立させたのである。

●20世紀

20世紀に入ると経済活動の活発化と交通機関の進歩が商用旅行を急増させた。アメリカでも、世界一の規模を誇るザ・ウォルドルフ・アストリア・ホテルが1931年に1000室を1800室に増築し需要に応えた。富裕階級の人々のために「豪華で」「高級な」ホテルが存在する一方で、一般の商用旅行者の増大により、低廉で快適な宿泊施設の需要が増大した。これに応えるかのようにエルスウォス・M・スタットラー（１８６３〜１９２８）は１９０８年にアメリカで初の全室バス付のホテルをバッファローで開業し、1部屋1ドル半で販売し初年度から採算ペースに乗せ成功させた。ちなみにスタットラー・ホテルはその後のアメリカのホテルのモデルとなり、その結果ホテル産業はサービス産業を代表する、幅広く一般庶民を対象とする産業になった。

●21世紀

21世紀に入りホテル事業を含むサービス産業の人口構成はその国の文化レベルのバロメーター的役割を果たすまでになった。ヨーロッパではセザール・リッツらがサービスをビジネスとして築き上げ、日本では犬丸徹三（１８８７〜１９８１）がホスピタリティーを日本に持ち込んだ。１００年の歳月を経て、ようやくホスピタリティー産業時代の到来といってよい。世界中の多くの投資家はホスピタリティー産業に強い関心を示し、将来の大きな発展が期待される。

③サービスの語源とその移り変わり

サービスの語源は、ラテン語の servus（奴隷）であり、これが派生して service と変化しました。他にも派生語で serve（仕える）、servant（召使）などあります。サービスという言葉は、主人に対し従者が一方的に奉仕する意味を持ちます。しかし、現代では一方的な奉仕ではなく、顧客とサービス提供側との等価価値交換の条件が揃って、初めてサービスが成立すると考えられ、サービス産業従事者の人口比率が高いほど文明国と言われるようにまでになりました。

サービスという言葉の使われ方の変化

●神に仕える儀式・礼拝・祭式など

古代ではサービスは奴隷が主人に仕えるという意味を持っていたが、やがてヨーロッパでは人が人に仕えるというのではなく、人が神に仕える宗教上の言葉としても使うようになった。現代でもその名残として、例えば教会で礼拝を執り行うことをチャペルサービスといっている。

●国に仕える義務・公務・軍務など

ヨーロッパを統一していたカール大帝が没した（814年）後、それぞれのゲルマン民族は、自分たちの国家をもつようになった。北にいたゲルマンはドイツとなり、西のゲルマンはフランス、そして、南のゲルマンはイタリアとなった。当時ヨーロッパにはナショナリズムが台頭し、国家が重要な意味を持った。それにともない、サービスの意味も変化し、人が人に仕えたり、神に仕えるだけでなく国家に仕えるという意味に使われるようになった。国民が国のために兵役や軍務に就くことにサービスという言葉を使った。

●人に提供する行為やモノに対して

1760年にイギリスで始まった産業革命は、19世紀になるとヨーロッパ大陸やアメリカにも浸透。その結果経済活動が極めて盛んになり、ホテルなどを含むサービス業も急速に発展していった。サービスという言葉もこの時代に入るとさらに変化していく。

●サービス産業単位の言葉として

サービスは無料で提供されるというイメージから、有料であるとの概念が浸透してきた。また現代では、サービス産業従事者の人口割合が高いほど文明国家であるというバロメーターとして使われるようになってきた。このように、サービスという言葉の意味が変遷を遂げてきた。

④モノ生産社会からサービス経済社会へ

アメリカは農業社会から産業革命を経て、世界最大かつ最強の工業経済国家を樹立し、やがて高度大衆消費社会、モノ生産社会、サービス経済社会へと移行しました。こうした社会変化の中で、農業は滅ぶどころか、むしろ工業化によりその生産性を飛躍的に高める役割を果たしました。同様に、サービス社会になっても工業生産は落ちることなく、むしろその効率は上がり付加価値が大幅に増大されていったのです。

こうした歴史的な社会変革の中で、モノ生産主導型社会でのサービスは、対価の対象となるものはモノだけで、サービスという形のないものだけでは対価の対象にならない。つまりサービスは無料なものと考えられていました。

当初サービス経済社会は、「脱工業化社会」と呼称されましたが、次第に「情報化社会」と総称されるようになりました。新しく登場した情報化社会は、モノの情報を含んだサービス提供産業として時代をリードし、今までとは異なる考え方をもたらしました。つまりサービスは商品と同格、あるいはそれ以上の地位があるものとして受けとめられるようになったのです。

サービスは形はないが対価の対象であり、経済価値のあるもの、サービスは商品に付属している従の存在ではないものとして捉えるようになったのです。

人間は価値ある商品を手に入れるためには、それに対して対価を支払い、対価価値あるものを商品として捉えてきました。やがて、形のない価値をサービスと考えるようになりましたが、当初はサービスは商品ではなく、人が行う活動や行為を指す形のない対象であり、対価価値はないものと捉えていたのです。しかし今日では、サービスは無形のものでありながら、有形の商品と同じように「商品」として捉えられるようになってきたわけです。

⑤サービスの原点ホスピタリティー

ホスピタリティー（もてなし）の語源は、ラテン語の hospes（異国の友、旅行者）で、hospes から、hotel（ホテル）、hospital（病院）、hospitality（もてなし・歓迎）、hospis（安らぎ・癒し）といった言葉が生まれました。ここには共通して「困っている人を助ける」という意味があります。

古代ローマ時代（３８０年頃）に、富裕な貴族でファビオラという人物がいました。彼は敬虔なキリスト教徒で、長旅で疲れた巡礼者たちに食物や宿泊を提供し、また病人や怪我人がいれば療養のため憩いの家まで造りました。ファビオラの手厚い行為がきっかけとなり、古代ローマの社会では、異国の友を自宅でもてなす習慣ができたと言われています。そして、異国の友のことをhospesと呼ぶようになりました。

その後、ヨーロッパでは遠方からの旅人は皆、貴重な客人として大切に扱われ、主・客は対等の関係となったのです。現在使用される英語のhost（主人）とguest（客）は、古代ローマ時代の習慣に端を発したラテン語のhospesに原型があります。そして、hospes（異国の友、旅行者）という言葉は、次のように変化していきます。

○hospes（異国の友、旅行者）→hospitalis（手厚いもてなし）→hospitality（もてなし・歓迎）
○hospes（異国の友、旅行者）→hospitale（宿を与える、暖かく迎える）、hostel→hotel（ホテル）
○hospes（異国の友、旅行者）→hospitale（宿を与える、暖かく迎える）、hospitali→hospital（病院）

○hospes（異国の友、旅行者）→hospitium（客を厚遇する、接待、宿舎）→hospis（安らぎ・癒し）

ちなみにtravel（旅）の語源はtrouble（問題、事件）です。昔の旅は危険極まりなく、問題、事件の発生は日常茶飯事、死の覚悟までする必要がありました。

⑥サービスとホスピタリィーの違い

ここで、サービスとホスピタリティーの関係について述べます。

サービスに対する概念は、人によって違います。

「サービスは人が人に有料で奉仕をすることで、受け取る金銭も奉仕料である」と言う人がいます。こうした理解は半分正しく、半分間違っていると思います。人が人にサービスをする場合サービスを受ける側の立場に立てば、「やってやる」より「やらせてもらう」方が正しいのです。

しかし、サービスとはその程度のことなのでしょうか？　サービスという定義には、もっと大切なことがあると思います。

今日のサービス産業は、かつてとは全く異質なものです。人に強要されてサービスを行っている訳でもなく、神に仕えるような奉仕の気持ちでやっている訳でもありません。まして国に仕えるような義務感やボランティア精神からでもありません。

サービスは奉仕などではなく、商品を販売する手段として考える必要があるのです。つまり、モノが売れるということは商品そのものの魅力だけで商品が売れるのではなく、サービスの魅力が加わって商品が売れるという考え方です。

顧客は商品を買う場合、実はサービスを買っていて、その中に商品が含まれていると考えるとわかりやすいかもしれません。同様に、顧客は商品を含むサービスを総合的に価値判断して対価を支払うということになります。だからこそ、企業側は、ただ単に製品を製造し商品を販売していてはだめで、サービスを販売していかなければならないのです。商品と人の「心や気持ち」をセットにしたものがサービスであり、このセットが対価として価値があれば、サービスは売れるということになるのです。

消費者の立場に立てば、商品とセットになった人の「心や気持ち」に心が動き、サービスを買うということです。形ある商品価値だけでモノが売れた時代は、すでに終わりました。今は人の「心や気持ち」がサービスの価値を決める時代です。この「心や気持ち」が、実はホスピタリティーなのです。

サービス
- （形ある）商品
- （人の心や気持ち）ホスピタリティー

有形の商品だけがホスピタリティーとセットになって、サービスとして形成されるのかというと、そうとばかりは言えません。例えば、医者や弁護士、ホテルマンやカウンセラー、俳優やスポーツ選手が持っているものは無形の商品です。つまり特殊な技術や知識、特殊な才能が商品であり、こうした無形の商品についても、ホスピタリティーは大変重要な意味を持ちます。

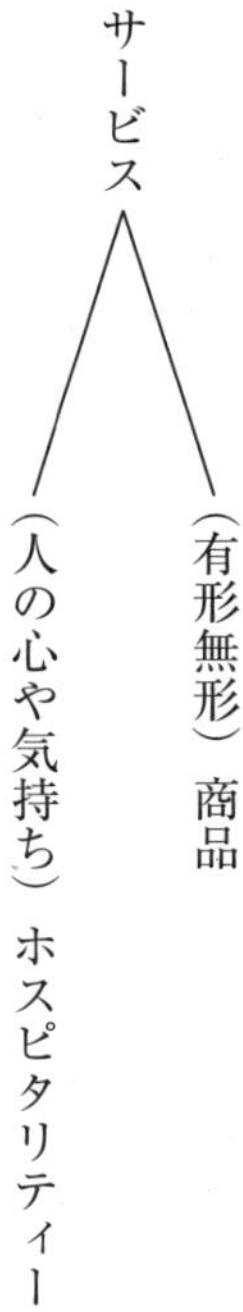

つまりホスピタリティーは、顧客が商品を購入する際、生じるもので、サービス産業全体に共通する重要な構成要素と言えるのです。

⑦ホスピタリティーの重要性

なぜホスピタリティーが重要なのかをここで考えてみましょう。

サービス業で商品を上手に売るには、まずホスピタリティーという妙案が必要だということを覚えておく必要があります。この業界で、商品だけを売ろうとしても市場競争に勝つことはできませんが、この妙案を使うと市場競争に勝つことが、充分可能です。

優れた商品を製造したり提供することは、どこでもやっていることで、これだけで市場競争に勝つことは至難の技。もちろん商品開発や新しい発想による創造性豊かな商品は貴重ですし、これで競争に勝つ可能性はあります。しかし、そうした商品はほんの一握りで、大抵の商品は有形にしろ無形にしろ、必ず競合相手があるのです。そうした競争の中で、自社の商品を選んでもらうにはサービス業の妙案、ホスピタリティーが力を発揮するのです。

商品そのものに魅力がなかったり、売り値が商品価値を著しく上回っていれば、勝負はそこで決まりですが、商品価値や販売価格が他社と同じであれば、消費者がどうしたら自社製品を選んでくれるのか、それをよく考えることが肝心です。商品を消費者に買ってもらうには、消費者を買う気にさせなければなりません。ここに消費者の「心や気持ち」が、大きく絡んでくるのです。サービス経済社会ではこの消費者の「心や気持ち」を、見逃してはいけないのです。

消費のポイントはモノではなく人にあります。

商品を売るには消費者の「心や気持ち」を動かさなければならず、有形であろうが無形であろうが、商品とホスピタリティーを必ずセットにしなくてはなりません。

モノを売る側は、商品を売ることにこだわり、買う側は商品の善し悪しにこだわります。しかし買う側は、最後にはホスピタリティーで決める場合が多いのです。サービス業にはホスピタリティーというモノをうまく売るための妙案があることを、決して忘れないでください。

モノである商品に、人の「心や気持ち」を動かすホスピタリティーがセットになっていれば消費者を動かすことができます。市場に出回っている大量の商品から自社商品を選んでもらうチャンスは、ホスピタリティーにかかっていると言っても過言ではありません。新しいサービス経済には、ホスピタリティーと商品が、切っても切れない関係にあるということです。

世の中はモノのない時代から、規格大量生産の時代、多品種少量生産の時代と変化し、そして新しいサービス経済時代へと移行してきました。商品だけに頼っていられない時代です。だからこそ私たちはホスピタリティーの重要性を、再認識する必要があるのです。

2. ホスピタリティーとは何か？

それでは顧客との間に生じるホスピタリティーとは、一体どんなものでしょうか？ ホスピタリティーを理解するには、まず供給者は従来型の発想を改め需要者側の立場に立ってものを考えなければなりません。

売り手側は「商品を売るためには何をしたら良いのか？」といった発想を改め、「商品を買うために、こんなことをしてもらいたい」という買い手側の気持ちを察した「おもてなしの心」を持つことからはじめることが大切です。

①サービス産業では人の心が大切

「おもてなしの心」の心とは、私たちが誰でも持っている「人の心」のこと。この「人の心」こそが、サービス産業の原点なのです。「人の心」の中を知るということは大変難しいことで、「人の心」を捉えていないと、相手と一緒に何かやろうとしてもうまく行きません。友人や家族、学校や企業、社会でも同じで、相手と良い関係を保たなければ、人間関係を広げることができず、遊びでもビジネスでもうまく行きにくくなります。

サービス産業界においてはなおさらで、ホテルやレストランなどのサービス専業業種に限らず、銀行、保険、不動産、病院、学校、小売店、旅行業、輸送業（鉄道・バス・航空・船舶）、公共施設など、人間を相手にしているビジネス全てに当てはまります。技術や専門知識、商品の品質や品揃え、施設や環境作りにいかに苦心しても、ビジネスとして成功するかどうか分からないのです。

サービスとは無縁に思える第一次産業の農業や漁業でも、「人の心」は大切です。厳しい自然の中で物を収穫するので、直接的には資源や技術、人間の体力が重要視されますが、労力を効率よく生かすにも働く人の心を考えることが大切です。第二次産業の製造業においてもしかり、もちろん第三次産業つまりサービス産業では、一層「人の心」を無視するわけにはいきません。

②人の心を動かしてこそ商品は売れる

現代は交通や通信網の目覚ましい発達で、世界がますます狭くなっています。商品も溢れかえり、おかげで私たちは欲しい商品をすぐ手に入れることができ、真冬でもスイカを食べたり、世界中の食材を日本にいながら何時でも簡単に手に入れることができます。パリで流行しているファッションをほとんど時間差なく東京で身につけることができます。商品の技術レベルや品質も、すでに同じ水準に達しています。

かつて、ソニーがトランジスターラジオで世界に進出したり、カシオの小型電卓に感心している間に、いつの間にかパソコンや携帯電話が市場に出回るようになっています。IT関連商品だけではありません。多種多様な衣類や電化製品、車から家まで、市場を闊歩しています。企業が自社商品を消費者に選んでもらうのは並大抵のことではありません。まさに食うか食われるかの状況です。こうした新しい時代を生き抜くために、従来の考えを根本的に改めサービスの中身について再確認する必要があるのです。

サービスとは、商品とホスピタリティーがセットになって、初めて成り立つものです。企業は、人々の望む商品を製造・販売するだけでは競争には勝てません。競争に勝つには、商品とホスピタリティーをセットにしたサービスが必要なのです。サービスが評価されてこそ、中身の商品にも価値が生まれます。

ホスピタリティーが付加されれば、サービスとしての価値が生まれ、その商品が売れるという仕組みを、しっかりと頭に入れておいてください。

商品が売れる理由を、もう一度確認しましょう。

ホスピタリティーを発揮すると「人の心」が動き、「人の心」が動くと商品そのものの魅力に加え、サービスの価値が上昇します。同じ商品を買うのであれば、消費者はよりサービスの価値の高い方を選択します。サービス価値を高めるには、商品価値にホスピタリティーを付加すればよいということです。

③売り手側の心が買い手側の心を動かす

現代社会では、健康な生活を送っている人たちの「心」や「感情」には、あまり関心をはらいません。大切な問題にもかかわらず、意外に軽く扱われているのが現実です。直接生死にかかわる問題ではないからかもしれません。

例えば、夫婦のいさかい、子供の病気、嫁と姑のトラブルといった家庭内の問題を、誰も職場に持ち込みたくありません。しかし、家庭内の問題を抱えたまま職場に出たとしたら、どうでしょうか？　ある夫婦が、前の晩、子供のことで喧嘩をして、翌朝もお互い怒りの感情がおさまらず、夫はそのまま会社に出勤しますがかなり気持ちが不安定。職場で家庭内の悩みを吐露するわけにはいかず一人で悶々と悩みますが、職場の仲間にしても、元気のなさが夫婦げんかにあるとわかればかえって遠慮して聞けないもの。家庭内の問題を職場に持ち出すのは、誰もが公私混同と思っているからです。

このように、家庭内の問題を抱えたまま、仕事をして果たして成果があがるでしょうか。当然、取引先の顧客との交渉にも影響が出てくるでしょう。売り手側の人の「心」と「感情」は、買い手側に影響を与えます。もしこの夫が商品を販売する担当者であれば、販売に影響が出てきます。もしこの夫がホテルのフロントクラークであれば、お客様に心からの笑顔を見せることはできないかもしれません。もし銀行の窓口係であれば、素っ気ない応対になったり、医者であれば、患者を励ますことができなくなるでしょう。

売り手側の企業は、常に社員の心を良い状態にしておかなければなりません。不安定な心を、より安定した状態に戻す努力をしなければならず、これは何も公私混同でもプライバシーの侵害にも当たりません。

④社員の「心」や「感情」を大切にする

個人的な感情が原因で仕事を阻害するケースは他にもあります。職場での上司や同僚との人間関係、取引先との人間関係、友人や恋人との人間関係、親子の関係、近隣の人との人間関係、本人や家族の怪我や病気などの悩み、金銭的な悩み、老後の悩みと、人それぞれ問題や悩みはいくらでもあります。一番いいのは悩みの種を作らないことですが、現実の世界はそうは行きません。しかし、問題を解決することが出来なくとも、悩みを和らげる方法はあるのです。

例えば、カウンセリング。最近大学では、学生の問題や悩みを聞く機関として、学生相談室にカウンセラーを配置させているところが増えています。企業も社内に相談員やF／R（ファミリー・リレーション）組織をもつところが出てきましたが、まだまだ少ないようです。とくに、中小企業では皆無に等しい状態です。予算がないからといって、人の「心」や「感情」の問題を放置してはいけません。会社のトップが〝社員の「心」や「感情」を大切にする〟と、宣言するだけでも効果があるのです。上司は部下の、同僚は仲間の問題や悩みを聞き出し、一緒に考える環境を整備することが大切です。中には、個人の問題を上司や仲間に話せば社内で噂になるので、相談する社員などいない、と考える人がいるかもしれません。中小企業の例ですが、社長自ら社員と面談し思いや悩みを聞きだし、人事面で対応しているところがありますが、この会社の社員の評判が顧客から極めてよかったことは言うまでもありません。

企業は「売り手側の心が買い手側の心を動かす」重要性を認識したならば、社員の心を心配する努力を惜しむのは得策ではありません。簡単に解決できない「心」の問題を抱えた人は、メンタルヘルスの専門家に相談する方法もあります。人に相談するほどでもない些細な事、日常的に起こる小さな問題、悩むほどのことのない病気といったものは、誰もが抱えているので、一人で悩みを抱え込んでしまわないよう周囲の気配りが大切です。

ホスピタリティーはどの業種にも共通の役割を果たします。なぜなら全ての企業活動の基本は、商品とホスピタリティーを合わせたサービスだからです。ホスピタリティーは顧客とのやりとりの中で発生するものであり、商品を売るためには「人が人にサービスする」を実行しなければなりません。「人が人にサービスする」関係にある企業には、必ず心の問題が絡んできます。多くの問題を抱えている企業は、相手の立場を考えた心からのおもてなし精神を発揮すれば、必ずや変化が起こります。業績の向上に加え、そこで働く社員の心を救うこともでき、さらに社員の生活も豊かなものに変えることができるのです。

モノ社会でモノが売れる構造

モノ提供者(売り手)		顧客(買い手)
商　品	→	商品そのものの価値

売り手側の気持ち

売り手は、より良い製品を開発し、コストを抑えて提供することを努力し、製品の品質や技術力の高さ、価値を大切にした。

サービス社会でモノが売れる構造

サービス提供者(売り手)			顧客(買い手)	
サービスを売る	商　品	→	サービスを買う	商品そのものの価値
	ホスピタリティー			サービス全体の評価

売り手側の気持ち

売り手側自身の「心や気持ち」を大切にする。

○従業員のモチベーションを常に高める

○公私にわたる従業員の悩みや問題を解決あるいは和らげる仕組み

○従業員自身の努力

売り手側は買い手側の気持ちをつかむ

売り手側は買い手側の立場に立って考える。

○顧客の満足度を重視

○顧客の期待に応える

安全・安心・信頼・迅速・技術力・正確・親切・丁寧・快適

⑤サービスが売れる構造

サービス産業全盛の現代において、モノが売れるには「商品とホスピタリティー」が大切であることは前述の通りですが、ここで製造業全盛時代とサービス業時代における「モノの売れる構造」をまとめて理解しましょう。

サービス産業社会では、顧客の「心や気持ち」をつかむことも大事ですが、売り手側の「心や気持ち」もホスピタリティーを発揮する上で大変重要です。企業は「顧客の心や気持ち」＋「従業員の心や気持ち」と両方向の満足度を高める努力が必要です。ただ単に、ＥＳ（エンプロイ・サティスファクション）やＣＳ（カスターマーズ・サティスファクション）について指導するだけでは、競争に勝つことが出来ません。

ＥＳやＣＳは、商品そのものの価値とホスピタリティーをセットにして考えなければならないのが、いまのサービス産業社会の実体です。「人が人に」サービスするのがサービス業です。この「人」とは、「売り手側の人」と「買い手側の人」を指しますが、この両方の「人」が大切だということを忘れてはなりません。

⑥全てのサービス産業に重要なホスピタリティー

それではサービス産業全体のフィールドで、ホスピタリティーを考えてみましょう。かつて生活に不可欠な米や塩それに酒やタバコなどの嗜好品は専売制がとられ、これらの商品はホスピタリティーとは無縁の売り手市場でした。電力供給会社の電力供給がストップしたりすれば、国民生活はたちまちパニックに陥ります。つまり電力は国民にとって命にかかわる必要不可欠なライフラインでもあります。こうした業種にホスピタリティーが必要か？　という疑問を持つ人もいるでしょう。

まして国や地方行政機関の公官庁、病院、学校といった機関で、果たしてホスピタリティーが必要なのかと疑問をもつ人がいるかもしれません。実は公共機関であっても、ホスピタリティーは必要です。むしろ公共機関でこそ、重要な役割を果たすものです。

電力の施設稼働は、電力消費ピーク期間と閑散期間の稼働率が乖離し、決して効率的ではありません。電力会社は夜間余剰電力を買ってもらう努力が必要です。ＪＲはかつて国営鉄道で、国民にとって国鉄は大切な交通手段でしたが、国鉄の抱えた大幅な赤字は、運賃値上げとなって国民生活にはねかえってきました。国鉄は、民間企業の経営姿勢と精査比較され、結果民営化されました。

国民の大きな関心は、旧国鉄の官僚型サービスが果たして本当に改善されるのか、という点に焦点が絞られ、ＪＲはサービス・業績両面の改善を求められたため、民間からも人材を登用して、自力再生への努力を重ねました。国民の評価は様々ですが、旧国鉄に比べれば驚くほどサービスが改善されたといっていいでしょう。

古い企業体質は、民間も官営も世代交代を待たなければ改善されませんが、現代社会は世代交代以上のスピードで変化を遂げています。そのスピードは放物線の軌跡やアメーバーの増殖を見るようで、どこがどう変化するか全く予測不可能ですが、幸いなことにこうした社会でも、人の「心や気持ち」を読むことはできます。つまりホスピタリティーは、こうした予測不可能な時代だからこそ有効な手段となるのです。

企業活動だけではありません。病院は人の命を救う機能をもち、その医療技術がすべてだと考えがちです。しかし、果たしてそうでしょうか？　学校は研究機関であると同時に子供達のために教育を授ける場です。ただひたすらカリキュラムに沿った教科を教えればいいと考えがちです。しかし、果たして社会はそれで納得するでしょうか？

私は、病院も学校も本来、人のためにある施設だと思っています。人に喜んでもらえないのであれば、存在価値はありません。つまり、公共機関であろうと民間会社であろうと、電力会社や鉄道会社であろうと、病院であろうと学校であろうと、どんな業種であろうとも、サービス経済社会では提供する側は買ってもらう側に、喜んでもらう必要があります。この相手に喜んでもらう手法がホスピタリティーなのです。

例えば、ここで誰かにお茶を出してもらうとしましょう。しぶしぶ出されるお茶と心から歓待して出されるお茶は、どちらが嬉しいかというと、心から歓待して出されたお茶の方が、おいしく感じます。ホスピタリティーの妙はここにあります。人が人に何かを提供する場合ホスピタリティーは決して無視できないものです。

⑦サービス業に必要不可欠なホスピタリティー

ホスピタリティーは、あらゆるサービス産業にとり重要な意味をもっています。近年産業の細分化が進んだために提供される事業内容とそれに伴うサービスもまた多岐にわたっています。全ては「人」である消費者に対して、ホスピタリティーと商品を提供することで、最高のサービスになるのです。

主なるサービス産業の商品と事業内容と
業種提供（取り扱われている）商品は有形無形多種多様です

提供される商品	事業内容	業　種
情報	情報や専門知識、指導や支援、システムや便利さの提供	法律事務所、経営コンサルタント、カウンセラー、放送局、新聞雑誌社、広告代理店、電信電話、郵便ほか
金	金や有価証券の保管・移動・融通・保証	銀行、信用金庫、信販会社、質屋、保険会社、証券会社、投資会社ほか
施設	施設、環境などの提供	ホテル、旅館、病院、賃貸マンション、民宿ほか
エネルギー	有形無形の資源などの提供	電力会社、ガス会社、水道会社、石油会社ほか
レジャー	レジャー、娯楽、スポーツ、飲食など有形無形商品の提供	レストラン、映画・演劇などの製作と興業、レクリエーション施設、各種スポーツ施設、動物園、テーマパークほか
物	有形商品の提供	商社、リース・レンタル業、小売業者、卸売業者ほか
移動・保管	人や財貨の物理的移動に伴うサービスの提供	海運、鉄道、トラック、航空、バス、タクシーなどの輸送業、旅行業、倉庫業ほか
教育	教育をめぐるサービスの提供	学校、学習塾、生涯教育ほか
特殊技術	特殊技術、労役の提供	美容・理容、エステ、警備保障、清掃サービス、クリーニング、庭師ほか
医療	医療保険をめぐるサービス提供	病院、保健所、クリニック、医者ほか

商品とホスピタリティーがセットになって初めてサービスが生まれる
商品　＋　ホスピタリティー

商品	商品扱い者（売り手）	ホスピタリティー
情報	法律事務所、経営コンサルタント、カウンセラー、放送局、新聞雑誌社、広告代理店、電信電話、郵便ほか	『情報の取り扱い」＝商品と共に安全・安心・正確・便利さをホスピタリティーとして提供
金	銀行、信用金庫、信販会社、質屋、保険会社、証券会社、投資会社ほか	「金や証券の取り扱い」＝商品と共に安全・安心・正確・便利さをホスピタリテイーとして提供
施設	ホテル、旅館、賃貸マンション、民宿ほか	「施設の提供」＝商品と共に快適・安心・信頼・安全・満足感をホスピタリティーとして提供
エネルギー	電力会社、ガス会社、水道会社、石油会社ほか	「エネルギーの供給」＝商品と共に安心・安全・安定・便利さをホスピタリティーとして提供
エンターテインメント・施設	レストラン、映画・演劇などの製作と興業、レクリエーション施設、各種スポーツ施設、動物園、テーマパーク、旅行業ほか	「エンターテインメントと施設の提供」＝商品と共に喜び・安全・満足感をホスピタリティーとして提供
物	商社、リース・レンタル業、小売業者、卸売業者ほか	「物品の提供」＝商品と共に信頼・安心・満足感をホスピタリティーとして提供
移動・保管	海運、鉄道、トラック、航空、バス、タクシーなどの輸送業、倉庫業ほか	「移動・保管行為の提供」＝商品と共に安心・信頼・安全・確実をホスピタリティーとして提供
教育	学校、学習塾、生涯教育ほか	「教育・施設の提供」＝商品と共に安心・信頼・安全・技術力をホスピタリティーとして提供
特殊技術	美容・理容、エステ、警備保障、清掃サービス、クリーニング、庭師ほか	「技術・施設の提供」＝商品と共に安心・信頼・安全をホスピタリティーとして提供
医療	病院、保健所、クリニック、医者ほか	「施設の提供」＝商品と共に安心・信頼・安全・技術力をホスピタリティーとして提供

第2章　ホテル産業におけるホスピタリティー

1. ホスピタリティーをどう発揮するか

本章では「ホテルにおけるホスピタリティー」について、事例をあげて紹介します。典型的な例としてホテルを取り上げていますが、これはどんな業種にも当てはまること。全サービス産業に共通する〝相手の立場や心を考えてサービスをする〟精神は、業種が変わっても何ら変わらないのです。

①顧客の来る理由など知る必要はなかった

まず初めに、「なぜ顧客がやって来てくれるのか?」を考えてみる必要があります。今更と思うかもしれませんが、バブル時代は、ホテルを建てれば顧客はやってきました。ホテル側はなぜ顧客がやって来るのかなど、考える必要はありませんでした。当時は「ホテルを建てれば顧客がやって来た」のですから。

バブル崩壊で顧客が激減し、ホテル側はようやく「なぜ顧客が来なくなったのか?」と考えるようになりました。しかし、その理由を「景気が悪くなったからだ」と安易に結論付けたのが問題でした。景気はあらゆる業種に大きな影響を与えたわけで、ホテル業界にだけにそのしわ寄せがきたわけではありません。またどこか特定のホテルを狙い打ちしたわけでもなく、ホテル業界全体に影響を与えました。顧客が来なくなった理由は景気が悪いからだ、とホテル側が思ったとしたら、どのホテルにも顧客は来なくなった、ということになります。

果たしてそうでしょうか。

実際には、多くの顧客が訪れていたホテルはありました。

バブル崩壊後の１９９２年に開業したハウステンボスのホテル（ホテルヨーロッパを旗艦ホテルに５つの高級ホテル）は日本の西の果てにありながら、東京のメジャーホテルを追い越し、開業以来４年間連続で日本一の客室売り上げを実現させました。私も勤務していたのでよくわかるのですが、本当に連日たくさんのお客様においでいただいていました。東京新宿にある外資系Ｐホテルも、高単価高稼働を現在でも維持しています。同系列の六本木にあるＧホテルも高単価高稼働を維持しています。他にもバブル崩壊後も業績を伸ばしたホテルはあります。こうした例から分かるように、ホテルすべてが業績不振だったというわけではありません。

②顧客がホテルを選ぶ理由

顧客は何らかの理由があってホテルを選んでいます。その理由をホテル側が認識して一層努力することで、もっと多くの顧客から支持されるようになるのです。顧客が来ないのは、景気のせいではないことに気付くことが最初の一歩なのです。顧客がホテルを選ぶ理由を大切にして、ホテルのすべての人がそれに応えることが重要なのです。

それでは、顧客がどんな理由でホテルを選んでいるのか、一例を挙げてみます。多分、皆さんが驚かれるほど簡単な理由が多いと思います。

中規模リゾートホテルで比較的評判の良いホテルの例

あなたはなぜこのホテルを選びましたか？

〈ホテル利用者の回答〉

○いっぺん使ってよかったから
○部屋からの海の景色がきれいだから
○食事がおいしそうだから
○地の利がいいから
○インターネットで見つけたから
○知人に薦められたから
○料金が適当だから
○ゆっくりできそうだったから
○予約係の感じがよかったから
○施設がきれいだから

○部屋が空いていたから
○大浴場の施設があるから
○海や公園など周辺環境がいいから
○子供が喜ぶから
○女性が喜ぶから
○家族で過ごしやすいから
○旅行の目的地にあったから
○プールがあるから
○部屋が広いから
○案内（DMなど）が来たから
○割引があったから
○このホテルが好きだから
○いっぺん使ってよかったから

特別に変わった理由ではありません。しかし、こうした顧客の声には、大変重要な意味が含まれています。注意すべきは、簡単な回答理由だからといって決して無視しないことです。一番よくないのは、この程度の理由はどんなホテルにでも当てはまる、自分のホテルだけに言っている意見ではないと、放置すること。顧客の意見が他のホテルでは考えられないような特異な理由であればともかく、どこにでも当てはまりそうな理由だと、多くのホテルはそれを見過ごしたり、無視したり、放置してしまいがちで、それが問題なのです。

顧客がホテルを選んでいる理由は、どんな些細なことでも見逃してはなりません。顧客は些細な理由で、他のホテルに簡単に移ってしまうこともあるからです。従って、ホテルは顧客に選ばれている理由を正確に知ると同時に、確実に認識し、理解を深めておく必要があります。

顧客がホテルを選んでいる理由、つまり顧客がホテルの良さだと思っていることをホテル側が知らないというのはあってはならないのです。

ホテル側は、顧客が自分のホテルを選ぶ理由を敏感に受け止め、それを大切にしなければ顧客はリピーターになりません。顧客がホテルを選ぶ理由は、競合ホテルにも共通する内容が多いからです。

③顧客の理由に隠された大事なポイントを見逃さない

「顧客が選ぶ理由を敏感に受け止め大切にする」とは、具体的にはどうすれば良いのでしょうか？　ホテルの利用の理由として顧客が回答しているものを例に挙げて検証するために、表にまとめてみました。

顧客が「いっぺん使ってよかったから」と言った場合、まずホテルは、顧客は一体何を「よかった」と言ってくれたのか？　直ちに究明する必要があります。顧客が気に入った事実を、そのサービスに携わった担当者が知っているかどうかを、確認しておく必要があるのです。顧客が気に入ったことを肝心のホテル側の担当者が知らなくては、同じサービスを続けることは保証できません。だからこそ、詳細な徹底究明が必要なのです。

「いっぺん使ってよかったから」の意見の顧客について具体的な調査を実施する

	徹底的に追跡調査	ホテル従業員一人一人をチェック
いっぺん使ってよかったから	何時の宿泊か	利用の事実を確認　予約から出発まで
	担当者は誰だったか	予約時の対応は本当に良かったのか？
		到着（チェックイン)は歓迎の意が表わせたか？スムーズであったか？
		案内(ベルボーイ)：親切に案内できているのか？
		レストラン（ウェイター、会計係他）：喜んでいただいたのか？
		出発（チェックアウト）は問題なく行われたか？喜んでお帰りいただいたか？
	何号室の利用か	部屋の清掃状況は問題なかったか？
		部屋の備品類は問題なかったか？
		部屋の設備は問題なかったか？
		部屋の温度は？
		部屋の臭いは大丈夫であったか？
		部屋に傷や汚れがついていなかったか？
	レストラン	案内したテーブルは？
		注文いただいた飲み物は？
		注文いただいた料理は？
		食事中のサービス状況は？
		満足いただいた様子は？
		会計：トラブルや不満がなかったか？
	その他の施設	プール：楽しく過ごされたか？
		売店：楽しく買い物されたか？
		ロビー：楽しそうな様子を見たか？
		インフォメーション：案内がしっかり出来たか？
		駐車場：気持ちよく利用いただいたか？
		美容室：満足いただいたか？
	その他	この顧客が利用されたその他施設の満足された様子を確認

こうしたチェックを行うことにより、顧客が従業員を覚えていても従業員が顧客を覚えていない実体が明らかになるケースが多々あります。実はこれが問題なのです。顧客が知っていても従業員が知らない、こうした事実に比例して顧客は減少すると考えて間違いないからです。

顧客の声を徹底究明する		
1	顧客の声を聞く	○顧客の意見に先ず耳を傾ける
2	顧客の声(意見)の内容を直ちに調査	○顧客に関わる全ての部署を調査
3	事実を具体的に究明し、担当者が事実を知っているか解明する	○顧客の意見や事実を担当者の方が知らないケースが多い。解明できなければ顧客に直接聞く
4	解明できたら、その事実が今後も継続されるように仕組みを作る	○誰でも何時でも顧客が言っていることがで切るよう仕組みを考え、継続させる工夫と努力が重要
5	ホテルの各部署で、顧客の言っていることが実行されているか点検する	○継続されていないと顧客は自然に競合他社へ移ってしまう
6	必要があれば、方法に改善を加え実行が停滞しないようにする	○マンネリと自信過剰は禁物。常に問題点をチェックし改善を試みる
7	その後も問題なければ継続	○顧客が満足していればそのまま継続
	その後に問題があれば[2]の調査からやり直す	○顧客が不満を持っていれば直ちに調査からやり直し、何が問題か究明し、問題点を改善する
	そして再び新たな顧客の声(意見)を聞く。問題があれば何回でも[2]からやり直す	

④顧客は従業員を覚えているが、従業員は顧客を覚えていない

顧客の声をチェックしていくと、往々にして「顧客は気にしているが、ホテル側では意識していない」という事実が判明することがあります。

あるホテルの事例です。

「部屋のランプが明るくて仕事がしやすい」と、顧客が言ってきました。ホテル側は、部屋にランプが付いていない部屋などないし、ランプの明るさも決まっているので「たいしたことではない」と聞き流していました。するとある時、同じ顧客から「部屋のランプの位置が左右逆なので、仕事がしづらい」と苦情が舞い込みました。そのホテルは部屋によってライティングデスクのランプの位置が、右だったり左だったりと置く位置がまちまちでした。こんなことはあってはならないのですが、よく調査をしておけば、こんな苦情は起こらなかったでしょう。室内で仕事をする顧客はランプの明るさや位置を気にします。ホテル側はランプの明るさについてのコメントをもらった時点でその位置についても気にする必要があったのです。当然この顧客には、何時もランプの位置が同じタイプの部屋を

用意しなければならないことは言うまでもありません。顧客の声には注意深く耳を傾けなければ、顧客は簡単に逃げてしまうのです。

また、こんな事例もあります。

ホテルにチェックインの際、顧客が「このホテルの近くに美術館はありますか?」と尋ねました。担当者はフロントが混んでいたため「お出かけの際、ご案内いたしますので、その時フロントにお立ち寄り下さい」と返事をしました。顧客はこのフロント係りの言葉で近くに美術館はあるものと思い込み、一旦部屋に入った後再びフロントに立ち寄り「今から美術館に行きたいのですが、この近くの美術館を教えてください」と声をかけました。すると先ほどとは別の担当者が「ホテルの近くには美術館はありません。少し遠くなってもよろしければ、どこか美術館をお調べしましょうか?」と丁寧に応対しました。しかし、この顧客は時間の関係で遠くの美術館に行くのはとても無理で、大変落胆しました。

この顧客は「このホテルの設備はいいがフロントの応対が少し冷たい」との意見を残して出発しました。ホテル側としては、フロントには優秀なスタッフを配置しているし、一人一人のフロントスタッフもこの顧客から冷たいといわれるような事実はないと、この意見を無視しました。結局この顧客は二度とこのホテルを訪れることはありませんでした。

顧客の声を調査しても、ホテルの各担当者は「そのような事実はなかった」と言明し、顧客とのやりとりを全く覚えていないというケースが多いのです。こうしたケースには、直接顧客に手紙を書き、顧客が不快を味わったことをお詫びしなければなりません。同時に、事実の詳細を顧客に聞く習慣をつけることが大切です。顧客が不快に思ったことから目をそむけてはいけません。しかし、ホテルの従業員によっては自分がサービスした顧客が一体誰であったのか、全く関心も持たず、憶えようともしないケースが多々あります。これはかなり重症ですが、訓練次第では矯正することも可能です。

現場に任せっきりにすることなく、ホテルリーダーである総支配人がリーダーシップを取り、顧客の声の事実究明を繰り返

顧客増強のためのホスピタリティーサイクル	
1	今来ている顧客がなぜホテルに来ているのか？を考える。
2	情報を収集できたら分析する。
3	情報分析の結果から、顧客の心や気持ちを汲み取る。
4	今来ている顧客にホスピタリティーを発揮する。
5	1〜4を反復して実施すれば顧客は自然に増えてきます。やる気さえあればどんなホテルでも実行可能です。

していけば各部門担当者も注意をするようになり、顧客の詳細な情報を欲しがるようになります。これを繰り返すことで、従業員も自然に顧客の情報について答えられるようになるのです。

この「顧客の情報について答えられるようになってきた」ことが、実は顧客の立場になって考えられるホスピタリティーの芽生えなのです。ホスピタリティーとは相手の立場になって、相手の「心や気持ち」を考えることです。顧客がホテルを使ってくれる理由はどんな些細なことでも見逃してはいけません。顧客の立場になって考えれば、ホテル全体をより成長させることになります。顧客の数が少なくても、宿泊してくれる顧客から沢山の情報を引き出すことです。そして収集した顧客情報を分析すれば、顧客の「心や気持ち」を汲み取ることのできるホスピタリティーを発揮できます。これは大して難しいことではありません。

⑤ヒューマンウェア・ハードウェア・ソフトウェア

モノ生産社会の時代には、ハードウェアやソフトウェアが大切でした。それは当然のことで間違ってはいません。優れた製品（ハードウェア）を製造し販売実績を上げるには、消費者から信頼を得る高質な製品を作り出さなくてはなりません。製造工程を合理的に低コスト化させ、大量生産するための優れた技術（ソフトウェア）が必要でした。また、新商品の開発や発明も重要な要素でした。サービス経済社会では、モノ生産社会では登場しなかった新しい主役が登場します。それがヒューマンウェアなのです。特にホテルなどでは、ハードウェア（施設）がいくら立派でも、そこで働く人々のマナーがひどければ、顧客は簡単に他のホテルへ移ってしまいます。ホテルで働く従業員は、単なる作業要員ではありません。彼らにはホスピタリティーを発揮する重要な役目があります。顧客にとって一番大切なことは従業員にホスピタリティーを発揮してもらうことです。つまり顧客にとって、ホスピタリティーを有したヒューマンウェアが必要なのです。

ホテルのヒューマンウェア・ハードウェア・ソフトウェアの考え方については、以下を参照ください。

ヒューマンウェア

ホテルは言うまでもなく「人」が「人」をもてなすところ。ホテルでは、そこで働く従業員が利用者との接点になるわけで、この接点こそがホテルの評価の大半を決定付け、利用客に「また来たい」と顧客化（リピーター化）を促す原点となる。ホテルで働く人々には「人」が「人」をもてなすための教育をし、自らには健康管理をしっかりさせる。そうすることで、心からおもてなしの出来る愛情を伴った接遇が実現できるのである。優秀な従業員の育成こそが、少数精鋭による高いサービスレベルの維持と人件費の抑制を実現させるのである。また、教育はただ単にサービス技術を学ばせるのでなく感動や人の心を動かす〝心からのおもてなし〟を教育することが重要である。いくら立派な建物（ハード）やオペレーションシステム（ソフト）が整っていても、そこで働く「人」つまりヒューマンウェアがしっかりしていなければホテル業は成功しない。また、ホテルにはこうした従業員をリードするマネジメントの存在が重要となる。

ホテルの総支配人は、強靭なリーダーシップを有しているだけでなく、ホテルで働くすべての人たち一人一人に「自分たちの心や気持ち、言動や態度が利用者に喜びや感動を与える」のだと心から認識させ、働く人々にモチベーションを与え、彼らと常にコミュニケーションを保っておかなければならない。総支配人には、人としての思いやりと優しさが欠かせないが、一方では厳しさと強い意思を部下に示さなければ顧客を重視したホテル運営は困難である。

ソフトウェア

ホテルマネジメントのポイントは、いかに有効的に人材を使い、顧客に満足を与え、リピート化させるかということである。また、ホテルを事業として成功させるためには売り上げを上げ、利益を確保できるオペレーションが要求される。それには、ホスピタリティーとマーケティングを駆使し市場競争に勝つオペレーションであると同時に、コストコントロールによる利益の確保が重要となる。特に、人件費の圧縮と原価のコントロールには努力を要する。人件費については、利用者の動向を予めつかみ（フォーキャスティングシステムの導入などで客室稼動の変化を事前につかむ）、適正な人員配置を決定し、計画的なワークスケジュールを作成することでロスの防止につとめる。原価については、仕入れ、棚卸、在庫管理、定価販売等のコントロールをシステム化することによりロス防止を図る。

ホテル事業では、利益確保のシステムが背景に存在した上で、顧客を満足させる仕組みこそがホテルオペレーションのソフトと言って良い。

また、これと同時にホテルで忘れてはならないものに「食」がある。食はホテルの格（グレード）を決めるといって良いほど重要な役割を担っており、セザール・リッツがパリやロンドンで名門ホテル・リッツを開業する際パートナーとして組んだのは名調理人エスコフェであったのもこのゆえんである。ホテルのレストランの良し悪しがホテルそのものの成功・不成功の鍵になっている事は現実のホテルを見ても明らかであろう。

ホテルにとって、ソフトウェアとはホテルオペレーションをさし、これは、システムとマネジメントによって支えられ、そこで活動するホスピタリティーとマーケティングがブランド力を強化しホテルを安定経営に導くと考えられる。

ハードウェア

新規ホテルの場合は、立地や建物の設計、設備やシステムの良し悪しがホテルのグレードに大きな影響を与えることは間違いない。ハードが優れているホテルに素晴らしいオペレーション（ソフトとヒューマンウェア）が加われば、ホテルが事業として成功する確率は大変高くなる。

一方、既存ホテルでは、既に出来上がったホテルを如何に清潔に、安全に、快適に維持管理していくかが重要課題となる。ヨーロッパの名門ホテルは１００年も２００年もの長期にわたり建物をホテルとして使用し続け、その間ハードのメンテナンスに大変な努力を払ってきた。一流を維持するためのハード管理は優れたオペレーションと同等の技量と能力が要求される。

ホテル事業と他事業の大きな違いは、ホテルは客室など施設の全てを人が既に何回も使用した後のものを商品として売っているということである。したがってホテルでは、販売する商品に前に使った痕跡「残り香」を絶対に残してはならない。つまり清掃を含むメンテナンスについても商品として重要な価値をもつということになる。ホテル業では、ハードにメンテナンスを付加することで、清潔と安心と快適という新たな価値が生まれるといって良い。ホテルのハード管理については、日常の清掃作業、保守管理のほか改修、修繕など大きな費用を伴うケースが必ずある。ホテルのクォリティを維持するためには、中長期計画でこうした費用を予算化しておくことが重要となる。

⑥ホスピタリティーは顧客のために存在する

顧客が不愉快と思い、満足を得られないホテルにはいくつかの理由があります。その理由をある中規模ホテルの顧客からの声から探ってみましょう。

築10年程度の中規模リゾートホテルの顧客の声

ヒューマンウェア（従業員のホスピタリティーが問題）

○フロントに客が来ても受付係が下を向き挨拶もしない
○到着の際名前を言っても「お待ち申し上げておりました」など適切な挨拶がない
○従業員に私語が多い
○従業員に笑顔がない
○従業員の髪型、ユニフォームの着こなしなど身だしなみが乱れている
○従業員がホテル周辺情報を知らない
○従業員間のコミュニケーションが悪い
○レストランで従業員が忙しいとお客を見てみぬふりをする
○食事客のケアがまるでなっていない
○従業員が冷たい
○常連客と一見客を差別している
○年寄りや障害者にやさしさがない

○子供の扱い方を知らない
○客を名前で呼べない
○気が利かない、臨機応変さに欠ける
○レストランで順番を待っている客の順番を間違える
○客に平気で業界用語を使う
○従業員が緊急事態でもないのにホテル内を走っている
○コンビニ用語を使う
○「お名前様」など日本語がおかしい

ソフトウェア（システムや技術の問題）
○料理が遅い
○地元の食材がほとんど使われていない
○食事は内容ではなく品数や量にこだわっている
○簡単な料理が高くてまずい

○朝食がまずい
○料理の説明ができない
○責任者が不在
○従業員教育がなされている様子がない
○外からの電話になかなかでない
○設備が磨き上げられていない
○寝具に清潔感がない
○客室の清掃に繊細さが欠けている
○窓が汚れている
○メッセージが届かなかった

ハードウェア（施設の問題）
○施設が汚い
○空調が効かない

○騒音がある
○給湯給水が不良
○排水がわるい

顧客数の少ないホテルのアンケートを見ると、ヒューマンウェアに関わる顧客の不満が圧倒的に多いということがわかります。加えて、ソフトウェアやハードウェアについても修復可能な問題がかなり見受けられます。

しかし、ここが重要なポイントなのですが、殆どのホテルは顧客の少ない主たる理由をハードウェアの不備だと思い込み、次にソフトウェアに問題があると決め付けています。しかし実際はヒューマンウェアの問題なのです。ヒューマンウェアを解決することで、かなりの顧客の不満は解消されます。なぜ、ホテルの経営者はこのように思い込むのでしょうか？　モノ生産社会時代の発想から、まだ抜け切れていないと言うしかありません。

このホテルに対して、顧客は不満ばかり述べているわけではありません。満足している点も多々あるのです。

顧客の声

○食堂からの景色がきれいだった
○ロビーが広くて寛げた
○大浴場が広くてゆっくり浸かることができた
○料金がリーズナブルだった
○駐車場が広くて安心した
○従業員が気さくだった
○マッサージ機がよかった
○子供が海で楽しく遊べた
○休前日なのにすぐ予約が取れてよかった
○近所においしい磯料理屋があり満足した
○客室係のおばさんが親切だった
○割引があってよかった
○食事にボリュームがあった

顧客の声に関心を示し改善を進めることが大切なのです。

客室稼動率がほぼ90％で客室単価が約４０００００円の高級ホテルと、客室稼働率が20％台で客室単価は７０００円にも満たないリゾートホテルがあるとして、あなたがホテル経営を任されるとしたら、どちらのホテルを選びますか？　ホテルの成功、不成功の鍵を握るのは、経営者であれ従業員であれ、つまるところ人間で決まります。因みに前者のホテルの従業員は利用客に感動を与えるサービスができます。そしてそのホテルのＧＯＰ（営業利益）は20％を超えています。

⑦ホテルは「顧客ありき」を忘れてはならない

バブルが崩壊し、どのホテルも経営が悪化し、ホテルオーナーや経営者は、ホテル再建のため資産を処分したり、再融資要請のため銀行を奔走したはずです。また、ホテルマネジメントは総支配人が陣頭に立ち赤字の加速をくい止めるため、人件費は無論のこと、原価を切り詰め、諸経費削減に全精力を傾けたに違いありません。ホテルオーナーや経営者は、減価償却前の利益さえ確保できればと、運営側に対して譲歩してきました。多くのホテルがホテル再建のため全てのベクトルを財務面に向け涙ぐましい努力を重ねたのです。

しかし、どんなホテルであっても多かれ少なかれ「顧客が来ている」という事実があります。これは財務対策とは無関係のことです。財務対策のために顧客を放置してよいということにはなりません。どんなときでも「顧客が来ている」以上、ホスピタリティーを発揮しなくてはならないのです。ホスピタリティーを発揮することでホテルの業績は向上してゆきます。顧客さえいれば、ホテルの業績は向上するチャンスがある、ホテル経営戦略の原点は、まず〝顧客ありき〟なのです。

2. ホスピタリティー導入におけるリーダーの役割

サービス業の現場には有能なリーダーが必要です。一般の企業では、優秀な社員は本社や経営企画室など現場から離れた部署に多く配属されますが、サービス業はこれでは通用しません。サービス最前線の現場にこそ、有能な人材が不可欠です。顧客の見えない場所では良いサービスが発揮できないので、顧客を満足させる情報を顧客から直接収集し、役立つ情報を部下に流します。また、部下から集まった顧客情報にも分析を加え、新たな指示として部下に情報を流します。新たな指示は現場に密着したものでなくては、効果を発揮しないからです。

サービス業のリーダーは、オーケストラに例えるとコンダクター、つまり指揮者です。サービス業の現場の指揮者は、一人いれば充分です。日頃、様々な企業の現場に足を踏み入れて思うことは、指揮者を自認する人は何人もいるのですが、肝心な責任をもってオーケストラを指揮する中心人物がいないということです。何人もの指揮者が同時にオーケストラを指揮すればどうなるか。アンサンブルは乱れ、聞き苦しいばかりです。

①ホテルのリーダーは総支配人

ホテルの総支配人の仕事は多岐に渡り、その采配を一人で揮わなくてはなりません。しかもすべての仕事は同時進行なので、オーケストラの指揮者の例えは、大変マトを射ていると思います。

総支配人に課せられる厳しい責任の一つにＧＯＰ（償却前利益＝営業総利益）の目標達成があります。総支配人はその目標達成のために宿泊部門や料飲部門、その他部門の責任者達に必要かつ的確な指示を与え、先ずは各部門の利益目標が確実に達成できるよう全力を注ぎます。

ホテルは装置産業と称され、建物の建設、設備や家具・備品の調達など開発投資や改装投資など、ホテルインフラに莫大な費用をかけています。その回収責任は、オーナー経営のホテルなら全てオーナーにありますが、ホテルが所有と経営と運営に分かれているケースであれば、建物の償却やインフラ開発経費、改修費などは、所有者や経営側が責任を負い、運営の現場責任者である総支配人が責任を負うことはありません。運営側はホテルの所有・経営側と約束した売上げやＧＯＰを達成すれば、責任を果たしたことになります。しかし実際には、所有・経営側が運営側に運営の手法や人事に対してばかりか、売上げやＧＯＰ目標達成の手段までに口出しをするケースが多々あります。

運営側の責任者である総支配人は、顧客の要求や様子を敏感に察知して、ホテル独自のサービスを提供する努力をしています。したがって、断片的な現場視察だけで口を挟む経営者たちは、ホテル運営の障害になります。ホテルの指揮者は一人で充分です。但し、その総支配人が約束通りの売上げやGOPを達成できなかった場合は、その理由如何によって人選の誤りとして更迭を余儀なくされます。これはいたし方ないことだと思います。

②リーダーは顧客を感動させよ！

ホテルの販売価格を決める方法は2種類あります。

ハードに先行投資した金額を回収年数で割り、さらに客室数などで割って決める方法と、これにマーケットプライス（世間相場）を加味して決める方法があります。しかし、ハードは古くなると相対的価値（新規ホテルの進出など）が下がりますので、販売価格の維持をハードばかりに頼っているわけにはいかないのです。そこで販売価格を維持するにはソフトとヒューマンウェアのはたす役割が大変大きくなるのです。ソフト（ホテルオペレーション）面は総支配人がしっかり現場管理し、正確な顧客情報を吸い上げ、顧客のための活きたサービス基準を常に高品位に保持し、GOP目標をクリアさせることです。ヒューマンウェアは、顧客に直接、接するホテルスタッフたちを指します。ヒューマンウェアは常にホスピタリティーとセットになっていないと、単なる労働者ですが、ホスピタリティーを備えたヒューマンウェアになれば立派なホテルマンです。彼らは顧客に喜びや感動を与える不滅の商品であり続けます。

オーケストラの指揮者は、本番前に何回もオーケストラの団員を集めて稽古をしなくてはいい演奏はできません。指揮者が楽団経営のため外出ばかりしていては、練習不足になって本番の演奏会で聴衆を感動させることはできません。ホテルの総支配人がオーケストラの指揮者だという所以がここにあります。

③コミュニケーションで顧客を知る

ホテルのリーダーである総支配人は、現在のような厳しい経済環境を受け、一刻も早く行動に出なければなりません。激しい競争に出遅れたホテルには、誰も猶予を与えてはくれません。

ホテル改革は、経費削減、人件費圧縮、業務のアウトソーシング化、機械化、コンピューター化と、様々な手段を用いてきましたがどれもうまくいかず、さらなる人件費の圧縮をかけました。

しかし、自分のホテルでは〝本来顧客が受けるべきサービスを受けているか〟確認したでしょうか?

最も簡単な確認方法は、顧客の声を聞くことです。つまり、顧客とのコミュニケーションを計ることです。顧客とのコミュニケーションで顧客の「心や気持ち」を直接確認することです。確認できたら、毎日の朝礼で従業員にその情報を流す必要があります。私が実際に見た事例をあげて説明しましょう。

ニューヨークの老舗で名門ホテル「ザ・ウォルドルフ・アストリア」は、1931年に現在のパークアベニューとレキシントンアベニュー、49番街と50番街に囲まれた1ブロックを占有する場所に再建された、全室1713室を有する大豪奢ホテルです。建設当時は世界最大級の規模を誇る豪華ホテルで、現在も全米のみならず世界各国から多くの著名人やVIPを迎え、最高級のサービスを誇っています。

私は1997年にこのホテルを訪ね、総支配人のエリック・ロング氏にお会いし、彼の部屋で小1時間ばかり過ごす機会を得ました。この1時間の間に、実に6回も秘書が彼の部屋にやってきて何やら報告をしているのです。そのたびにロング氏は中座することを丁寧に詫び、目の前で手際よく秘書達に指示を与えているのです。聞くとはなしに耳に入ってくるロング氏と秘書のやり取りは、全て顧客に関する報告とその指示でした。ロング氏は日本の総支配人には想像もつかないような、顧客に対する細かい注意や指示を秘書を通して現場に出していたのです。私は大型ホテルの「総支配人がここまでやるのか」と驚き、名門ホテルの顧客主義の徹底ぶりに大きな刺激を受けたものです。

ホテル業界に籍を置いたことがない方のために多少解説をしますと、日本の多くのホテル総支配人は、銀行や出入り業者、建築関係者や同業者など直接顧客とは関わりのない人たちとの打ち合わせに多くの時間を割きます。したがって直接顧客と関わりのある部門や部下に指示を出すのは部門長ということになります。総支配人はその部門長を部屋に呼びつけ報告をうけ指示を出します。この間、顧客を直接相手にしている現場のリーダーである部門長は不在となり顧客や部下から目が離れてしまいます。現場リーダーの意味が無意味になるわけです。

たとえ大型ホテルであっても、先ずは顧客の声を聞くという姿勢と、ホテルを代表するリーダーとしての総支配人の姿勢が大変重要です。ちなみに、日本に最初に上陸した外資系ホテル「ヒルトン」の第4代総支配人リチャード・E・ハンデル氏は、どんなに夜遅くとも残っていて顧客への挨拶を欠かすことはありませんでした。また、1日に何回もホテル内を巡回し顧客と現場の様子を自ら確認していました。こうしたハンデル氏の姿勢は、ヒルトンの日本人スタッフに大きな影響を与え、優秀な日本人ホテルマンを生むきっかけとなりました。

大型ホテルに限らずリーダーの姿勢は、全てのホテルスタッフに必ず影響を与えます。ホテル規模が大きく、どうしても自分達だけでは顧客の意見を吸い上げられない、という場合もあります。その場合はモニター制度を導入して、利用者側から見た施設や従業員の応対をチェックし改善する方法もあります。ただし、この方法は完璧ではありません。あくまでもリーダーが先頭に立って、ホテル全体の顧客への模範を示すことが一番大切だということを忘れないでください。

こうしたことを踏まえ、以下のチェックは欠かせません。

○昨夜顧客から聞いた「顧客の声」や「観察した顧客の様子」
○今朝の「顧客の声」や「観察した顧客の様子」
○本日到着予定の顧客情報

リーダーは、こうした項目を全スタッフに自ら伝える必要があります。顧客情報は内部のスタッフに開示しなければ意味がありません。そして「顧客に何をすべきか」、指示を出すことがリーダーの重要な役目なのです。

顧客の到着（チェックイン）には、リーダーである総支配人が自ら立ち会う姿勢が大切です。東京ヒルトンの４代目総支配人リチャード・Ｅ・ハンデル氏は、深夜になっても顧客の到着を待ち挨拶をしていた、と前に述べました。これはどの総支配人も見習うべき姿勢だと思います。そして、「顧客の声」を直接収集をすることが、部下を動かし、顧客に満足を与える要因だということに気付いてください。そのためには素早い顧客情報が必要です。顧客情報は一刻も早く集めて、一刻も早く部下に流さなければ意味がありません。顧客への対応は一刻の猶予も許されないからです。すべてに素早い対応、これが厳しい環境をクリアする条件なのです。

ここで顧客がホテルを利用する理由を考えてみましょう。

○ただ眠りたいからホテルに泊まりに来ている
○ただお腹がすいたからホテルに食事に来ている
○料理がおいしく値段が手ごろだからホテルに来ている
○ホテルの設備や立地が良いから来ている

一昔の話でしたら「寝たいから」「食事をしたいから」という単純な理由だったと思い

ますが、モノが溢れかえる今の時代にこんな単純な理由でホテルに来る顧客など殆どいません。もしそんな理由だけなら、どんなホテルでも、簡単に顧客で一杯になっているはずです。

では、なぜ顧客はあなたのホテルに来ているのでしょう？

この理由を知るには、総支配人自ら顧客と直接話せばよいのです。顧客と直接話せば、すぐにその理由が分かります。顧客からの直接の情報こそが、これからのホテルの重要な運営戦略の鍵になります。

これからの時代は、人件費の圧縮に明け暮れするのではなく、顧客の「心や気持ち」を正確につかみ、顧客の立場に立ったおもてなしで勝負することが必要です。総支配人自らが真剣な応対を示せば、顧客もホテルに対するそれまでのイメージを塗り替えます。真剣な姿勢こそ、ホスピタリティー精神の発揮の第一歩なのです。

④リーダーは一人で同時進行

ホテルの総支配人はこなす仕事も多種多様ですが、一人でなければ指揮を執ることができません。サービスの達人であることは当然のこと、経理や人事、経済学や倫理学、料理から政治情勢まで、すべてに精通してないと務まらないのです。

ホテル館内の業務では、駐車場から洗い場、電話交換室から冷蔵庫の中まで、あらゆる場所を熟知していなければなりません。普通の人間には到底務まりそうもない職業に見えますが、実は誰にでも出来る仕事ともいえます。なぜならホテルは家庭生活の延長線上にあるもので、お客様を家族だと思って応対すれば、ホテルの総支配人は務まります。心からの気配りが出来れば、大勢の従業員たちにもホスピタリティーを発揮させることができます。

ただし、手際よく応対しなければなりません。

オーケストラは、時にはフォルテシモで力強く、時にはピアニシモで優しく、強弱をつけて演奏します。聴衆はそこから生まれる美しいハーモニーに感動します。良いホスピタリティーとは、お客様が感じてくれる美しいハーモニーと言えるでしょう。

⑤ホテル業におけるリーダーの条件

総支配人は、ホテルの持つハードウェア、ソフトウェア、ヒューマンウェアの3つの要素を掌握し、顧客をはじめホテル関係者すべての人を満足させる責任があります。そのためには戦略をもつ必要があります。戦略とは、「方向」や「行き先」を示します。

ホテルを船に例えると、船の行き先は乗船前に決めておかなければ、クルーも顧客も乗せることができません。この船の行き先が〝戦略〟です。行き先は一旦決まれば、簡単に変更できません。勿論、港を出た後、嵐がくれば一時的に方向を変えたり避難することはありますが、最終的な行き先は変えないのが普通です。このように、決められた方向に船を進めていくのが船長であり、ホテルでは総支配人なのです。

ホテルを戦略に則《のっと》り運営していくには、総支配人の手腕によるところが大きいのですが、それにもまして重要なのが従業員の役割です。従業員は、総支配人の指揮のもと与えられた任務をただひたすら遂行するわけですが、その原動力には月給や身分だけではなく〝やる気〟を起こすモチベーションが必要です。モチベーションを構築する最大の要素は「心や気持ち」です。金銭や物も効果はありますが、これがすべてだと考えると大きな間違いを犯します。総支配人は、心から従業員に接し、従業員が心からお客様に接するよう指導しなければなりません。従業員は、教えられたことがうまく出来たら、誉められたいと思っています。誉められようと努力する従業員は、顧客からも喜ばれます。顧客が満足すれば営業に好影響を与えます。業績を上げて利益が出ればホテルは存続できます。総支配人は、人に喜ばれるホテルを存続させるために、まず従業員を満足させ、顧客を満足させる責任があります。そしてそれをやることが、ホテル業におけるリーダーの条件なのです。

⑥総支配人の要件

ホテル総支配人は次の要件を充分理解し、実行できる知識と能力を培う必要があります。

(1)ホテル事業の目的は、ホテル事業を通し顧客にサービスを提供し利益を創り出すことにあることを自覚し実行すること。
(2)顧客にサービスを提供して対価を得るために、総支配人はリーダーシップを充分発揮し、組織および個々の従業員を最大限に活用し目的を達成させること。

・責任者としての自覚
・管理監督の義務と遂行
・業務の率先垂範
・顧客とのコミュニケーション
・従業員教育
・各種会議の主催
・業界との情報交換及び情報収集と情勢の把握
・地域とのコミュニケーション他

(3)総支配人は、サービス業であるホテル運営のジェネラリストとして、自らも含め従業員がホスピタリティーを発揮し、顧客満足度を向上させるための必要な知識、能力、技術を有していること。

さらに具体的な要件を以下に記しておきます。

●サービス管理

ホテルで提供すべきサービスが確実になされているか厳しく管理し、必要に応じ改善、新規サービスの創造、臨機応変なサービスを加える必要がある。決してサービスを固定的なものにせず、絶えず変化順応させること。また、サービスに関する高度な知識と技術を有すること。

●人事管理

ホテルは「人が人にサービス」を提供することを業としているので、ホテルで働く従業員についてはハードやソフトより優先し大切に扱うこと（CSの前にESあり）。人事管理はまず従業員を共通の企業目的のために組織化し、有効的に働かせるために人材の育成を常に意識し、従業員が日々向上していくよう仕組みを作り、そこには目的や目標が明示され、その達成については公正な評価を行い、モチベーションを常にあげる努力と人事管理についての基礎知識を有しておく必要がある。

●交渉技術

ホテルは人が介在するビジネス。顧客に対し、取引先に対し、あるいは部下や関係先に対し自らの意図する方向を明確に表現し、相手を説得し動かすことができること、時には苦情処理など業務上発生する問題を交渉技術により解決する必要もある。

●プレゼンテーション

ホテル商品は人々のライフスタイルの延長線上にあるので、いかに楽しく価値があるものかは姿形だけでは表現できない。伝えるための優れたプレゼンテーションによる説得力が必要で、この技術は部下にも充分身につけさせる必要がある。

●コミュニケーション技術

交渉術と同じく、あらゆる人々とのかかわりは、有効に人を動かす手段として欠かせない。周囲とのコミュニケーションは情報収集のみならず、自らの方針の確認や新たな計画の立案等に、ぶれが出るのを防ぐ。また、部下とのコミュニケーションは、モチベーションの向上にもつながる重要案件で、更に地域社会とのコミュニケーションはホテル代表者である総支配人の重要任務でもある。

●運営責任者としての意思決定能力

リサーチや確率統計、戦略情報システムなどの概念を理解し、意思決定を狂いのないものにする能力が必要。情報管理・統計学・コンピューター知識など。

●生産管理

ホテルが他社と競争し利益を上げていくには、他社よりも高い生産性、効率性を確保し維持していかなければ収益につながらない。仕入管理・在庫管理・調理管理をしっかりやることが不可欠。

●マーケティング

サービスを顧客に提供するに当たっては顧客と市場の存在を無視できない。顧客の求めるものを的確に把握し、満足のいくサービスを提供することで利益が上げられるので、ホテルがターゲットとしている市場構造を分析し、また顧客のニーズを正しく把握し、時には顧客自身が気付かない潜在的なニーズを発見し、新たな市場を創造していくことが必要。商売のコツを体系化したのがマーケティングで、市場構造を把握した後、告知、商品企画、セールス活動、サービスの提供システム、リピーターの確保のための各活動を循環させることにより市場を活性化させることが出来る。

●会計学

ホテルの活動が売り上げを立て利益を上げる以上、その活動のすべては財務諸表で表れる。これを読みこなし、問題点の抽出と改善の方針を立てる能力と技術が要求される。

（ファイナンス理論）

企業活動の成績表が会計学であるならファイナンスは企業が儲けるための理論。現場の総支配人が直接投資に携わりその回収の計画や提案をしなくても、ホテル投資家やオーナーが投資したものに対する回収計画などは運営の責任者として理解する能力は身につけておく必要がある。

（経済学）

経済学を習得する意味合いは、マクロ経済の動向、為替や金利の動向など、ホテルの運営上、その判断を誤らない程度に習得しておく必要がある。

●企業戦略

競争相手との戦いや変化する事業環境の中で、自ホテルの競争力を確立し、利益を上げ続けるというダイナミックな運営に関する見識を有する必要がある。特にこの点に関する見識が日本の総支配人には欠けていることが多い。

●ハード管理

ホテルのハード管理に対する正しい見識を有する必要がある。単に客室の種類、レストランや宴会場の配置状況の把握ではなく、機械設備、建物の構造、外周や屋上、安全管理、建物の癖、保守管理等に関する実態を把握し、お客様が常に快適に過ごせる環境作りと、従業員の清掃を含む管理状況を掌握し、ハード、ソフト、ヒューマンウェアが三位一体となり商品価値を維持させる努力が必要。また、故障や改修についての適切な判断を下せる状態の把握をしておくことは必須条件。

●トラブル処理

ホテルは人々の生活文化の延長線上にあるので、食事の味から風呂の給湯給水の良し悪し、お茶の温度から客室や宴会場の室度、枕の硬さからテレビの映り具合、また、会計の間違いや、服に付いたコーヒーのしみ、ランドリーの出来栄えの不満…と、多種多様な苦情が舞い込む。トラブル処理は総支配人の重要任務、部下任せにしないで自ら手本になるようなトラブル処理をすること。

●倫理学

ホテル内部の不正、顧客との間の不正、取引先との不正、こうしたことは一切あってはならない。総支配人は、地域社会とホテルとの接点にもなっている立場から、地域社会に貢献するホテル、人に喜ばれるホテルとしてその存在意義が認知されていることを忘れてはならない。不正は、一般的に不正を行ったものより、行わせたシステムや管理者に責任があるといわれるので、各種基準やマニュアルを大いに活用し、不正の起こる余地のないシステムを構築し、健全なホテルのイメージを損なうようなことのないような努力が必要。

●安全管理

安全に関する正しい知識を有し、事前の事故防止に最善の注意と指導を怠らぬよう日常業務の安全点検確認を業務システムに組み込むのは無論のこと、定期的な点検や訓練の実施が必要。食品衛生・防災・防犯・労働災害など。

●セクハラ対応

セクハラに対する認識を正しくもち、ホテル内で不快な行為や言動、誤解を招く行為や言動が行われないよう管理する。セクハラ委員会の設置などホテルの規模や状況で検討実施する必要がある。

●ホテルマン感覚の心得と研磨

基本的なものとしては、一流志向・自らの身だしなみ・顧客重視・現場重視・整理整頓・挨拶と言葉遣い・社会経済情勢・一般常識の把握・業態の社会的地位の向上努力・他業種交流などがある。

●部門管理

・宿泊部門（フロント・会計・予約・ベルボーイ・ドアマン・クローク・電話交換・ハウスキーピング）
・料飲部門（各レストラン・レストラン会計・調理・スチュワード）
・婚礼・宴会部門（宴会事務所・宴会サービス・宴会調理・スチュワード）

・管理部門（総務・人事・経理・購買・施設管理）
・ナイトマネジャー
・フードコントロール
・セールス・マーケティング
・その他

このように多岐にわたるものに、目配りできなければ総支配人は一人前とはいえません。

総支配人の従業員サービス点検と指導	
基本的サービスの実施状況点検と指導	**接遇の基本** お出迎え／ご挨拶／ご案内／荷物のお預かり引渡し／お客様をお名前で呼んでいるか／丁寧か／迅速か／親切か／笑顔か／お見送りをしっかりしているかなど、各部門の通常業務の中できちっと行われているか。 **電話の受け答え** 電話にすぐ出ているか／取次ぎの仕方／メッセージ取り扱い／予約の受け方／情報の提供の仕方／言葉遣い／挨拶／明るさなど絶えず点検し注意を与える。 **インフォメーションの仕方** 館内案内／ホテルイベント／ホテル周辺案内 交通案内／日の出日の入り／天気／花や行事情報 地元行事／名物料理 名所や観光スポット／スポーツ情報などのご案内がスムーズに出来ているか。
自己点検の指導	笑顔・髪型・化粧・服装・靴・体臭 フロント　→ ロビー　→ レストラン　→ 宴会場　→ レストラン →　客室 → ハウスキーパーステーション →　キッチン　→　プール　→　ビジネスセンター →　コーヒーショップ　→　バー　→　宴会キッチン →　宴会事務所　といった日常的な巡回ルートは、自然な現場の様子を見るために、面倒でも毎日巡回ルートを変え現場を正確に点検・確認・指導・改善する。 また、巡回時には、臭い 照明 植栽 家具備品 清掃状況 整理整頓状況 安全管理状況などは特に丁寧に点検を行う。

⑦従業員のホスピタリティーの点検と強化

ホテル従業員は、ホテルの顔として「親切で丁寧な、そして感じの良い接遇のできるプロ」を目指さなくてはならず、プロとしてサービスの基本事項を常に守り実施する必要があります。また、総支配人および部門責任者は担当部門の従業員に適切な指導・訓練を行う必要があります。

ホテルの総支配人は、実に多彩に何でもこなさなければ務まりません。しかも、すべて毎日、同時進行させなければなりません。それ故にホテル総支配人はオーケストラの指揮者なのです。オーケストラの指揮者ですから、聴衆を感動させなければなりません。演奏のできばえが評価されてこそ指揮者の価値は高まります。一流ホテルとは、素晴らしい指揮者と素晴らしい奏者がいるホテルを指します。ホテル業に限らず、サービス業界ではどの分野でも現場に優れたリーダーが必要です。どのリーダーにも、オーケストラの指揮者のように能力を発揮していただきたいと思います。

第3章　サービス産業に必要な人材

1.「人が人にサービスする」という思想

ホテル業界には多くの若者が志願して入ってきます。彼らは皆「接客が好きだから」「サービス業に向いているから」と、自らの能力がホテル業に向いていると判断し入社するのです。大方のホテルは、有望な新入社員を即戦力と考え、ホテルの作業技術だけを教え、肝心の「人が人にサービスする」思想を教えることはありませんでした。あるホテルのリーダー達は、オペレーション（運営）より会議や打ち合わせの資料作りに忙殺され、部下まで現場からかり出し資料作りに巻き込んでいます。現場にオペレーションの管理者が不在のままの、極めておかしなホテルマネジメントが横行しているのです。ホテルにとって大切な「人が人にサービスする」ことがないがしろにされているのです。

ホテルは「人が人にサービスする」ことで、顧客に満足を与える機会をもたらしています。「人が人にサービスする」からこそ「心や気持ち」を大切にするおもてなしができるのです。にもかかわらず、ホスピタリティーを発揮する機会を、自ら放棄しているホテルが実に多いのです。こうしたホテルに限って、人件費圧縮のため正社員を減員し、貴重な数少ない社員に資料作りをさせ、未熟なスタッフ（作業技術だけ教えホスピタリティーの訓練を受けていない新人やアルバイト）に無理やり接客させているのが現状です。

①無難なことにしか手をつけない社会環境

私は、ホテルに限らずサービス産業界のキーワードは人材育成だと思っています。最近の子供たちは偏差値社会の中で育ち、不得意な科目がない代わり、ずば抜けて得意な科目もない、何でも無難にこなす平均的な人間に育っています。この子供たちは試験を突破するため、難しい問題は後回しにしてやさしい問題から解いていきます。１００点は取れなくても、合格点は取るという合理的な能力を身につけています。こうした子供たちが大人になって、公官庁や金融機関、サービス業界に入ってくるわけです。現代のように難問をいくつも抱えた社会に入ってくるのです。難しいことを避け、無難なことにしか手をつけない人間が、社会にはびこるのです。こうした人間から優秀なリーダーが生まれ、国や社会やサービス業界をリードするようでは、たまったものではありません。これはまさに社会の仕組みに大きな問題があるのです。

「人が人にサービスする」ことに関わると、面倒なことにも直面します。人の問題はモノと違って簡単ではなく、厄介なことにも立ち向かわなければならない状況がたくさんあります。しかし無難なことにしか手をつけない人間では、人を満足させることはできません。サービス業界では、人に喜んでもらうために、つらい仕事や、厳しい業務、人がやらない仕事、誰かがやらなければならない仕事を、進んで挑戦する気持ちが大切です。いまの教育環境で育った若い人たちには、サービス業での必要要件やホスピタリティーの発想を、早期に習得させる必要があります。これはサービス業界の大きな課題でもあります。

②そろばん度外視で人について深く考える

サービス業界全体で必要としている人材は、他人のことを深く考えることの出来る人物です。言い換えるなら、人の「心や気持ち」を考えることの出来る人物です。人の「心や気持ち」を考えることは、「おもてなしの心」を持つことであり、これがホスピタリティーの意味となります。サービス業界で「人が人にサービスする」には「ホスピタリティー」がどうしても必要だということです。

人間が自分以外の人間について、深く理解することは難しいことです。まして異性であったり、年代、出身、国籍、宗教、文化、風土、習慣、趣味、健康、肌の色の違いがあれば、当然のことです。しかし人間である以上、自分以外の人間とうまく共存していかなければなりません。これは何もサービス業界だけではなく、一般社会にいる全ての人間にとって共通して大事なことです。特にサービス業界に携わる人々にとっては、自分以外の人間について深く考え理解することは必須条件です。

どんなサービス業でもそうですが、企業が財務や技術、知識を優先し、顧客対応を怠っていては、うまくいくはずがありません。サービス業もそろばん片手の商売に違いありませんが、肝心の顧客対応が出来なければその存続は難しくなります。売り上げ向上を目指すサービス業であれば、直ちに顧客のために出来ること、顧客といかにコミュニケーションを取るか、顧客戦略を練らなければならないのです。

「売上げが伸びない、原価が高い、人件費が下がらない」こうした問題は、リーダーと部門長が検討すればよいことです。数少ない有能な部下を机に縛り付け、そろばんを手伝わせるリーダーは、サービス業に必要ありません。

サービス業のリーダーは、部下に対して顧客について質問する習慣をもち、きちんと答えられるように指導しなければなりません。顧客情報を正確に収集し、顧客の立場や心理を汲み取るという基本的な姿勢を保たなくては、いくら経費を節減しリストラに励んでもホテルはもちろん、どんなサービス業も成功しません。

③それでも顧客は来てくれている

バブル全盛期にはどんな施設でも建てさすれば、お客様が入りました。どの銀行も新規の建設には積極的に融資してくれました。しかしバブルの崩壊で、日本中が暗黒時代に突入してしまいました。

今までのサービスは一体何だったのだろう？　なぜ同じサービスではお客様はやってきてくれないのか？　それなら料金を下げてみよう、施設を改修してみよう、と様々な改革を試みましたが、お客様は減る一方。業績は下がり、バブル期に雨後の筍のように現れたホテルやあらゆる商業施設は、銀行の不良債権処理の主役となってしまいました。ホテル業界では、ホテル間で新たな競争が始まりました。海外の一流ブランドホテルの日本上陸、国産の新規ホテルの参入と、つぎつぎに業界に追い打ちが掛かりました。日本中の多くのホテル業者は「もう何をやってもだめ」と、バブルの後遺症に苦しみ、新たな敵陣の応戦防御に疲れ果て、放心状態に陥ってしまいました。ホテル業界だけでなくサービス業界全体がかつて味わったことのない程の劣悪な状況に陥ったのです。

しかし、決して諦める必要はありません。なぜなら、どんな企業にも〝それでも顧客は来てくれている〟のです。どんなに少なくても、そこに顧客が来てくれている限り望みがあります。顧客がたとえ少なくとも、そこに存在する限り、ホテルが、ホスピタリティーを発揮すれば、顧客は必ず戻ってきます。戻って来たら、全社挙げて心からのおもてなしをしてください。ハードやソフトに頼らず、人が人に本気でサービスすることから実行してみてください。実行する価値はあると思います。顧客がそこにいる限り、ホテルは立ち直るチャンスがあるからです。

④サービスに徹した男

経済不況は今始まったことではありません。今から80年以上前にも大変な危機がありました。この時期、予算を大幅に上回り、莫大な建築費をかけた帝国ホテルのライト館を、大火から守った男がいます。1923年の関東大震災の日ことです。もしこのライト館を消失したとしたら、帝国ホテルの歴史は間違いなく、この日で幕を閉じていたでしょう。実は帝国ホテルは前年の4月に30余年の伝統を誇る本館を全焼させていました。この事件の責任をとり、大倉喜八郎会長以下帝国ホテル役員全員が辞任するほど大きな事件でした。ライト館の大幅な予算オーバーとこの本館火災事件は、帝国ホテルの財政に大きなダメージを与えていたのです。震災によってライト館を失うようなことがあれば、帝国ホテルは再建する余力もなく、間違いなく壊滅したでしょう。

被災した当時の帝国ホテルの支配人はこの時、責任者として顧客の生命と財産及びホテルの資産を守らなければならないと必死でしたが、それ以上に、自分がこのホテルを救うのだという、いわば崖っぷちに立った決死の覚悟で対応に臨んだのでした。

幸いにも、ライト氏が設計したライト館は、大震災にも耐える見事な設計構造でした。「火災から守りさえすれば、人もホテルも救える」と、この支配人はホテル中を飛び回って、周辺から飛んでくる火の粉を振り払いました。東京は焼け野原になってしまいましたが、帝国ホテルのライト館は残ったのです。この支配人が命がけで守ったからです。

この支配人は震災で焼け出された被災者のために、ホテルを解放し、食事を提供しました。人のためここまでやるのかと、通常人の限界を明らかに超えた行為を被災者に示しました。まさに「人が人にサービスする」精神を見せつけたのです。

後にこの支配人は帝国ホテルの社長にまで登りつめました。社長となったこの人物は、ある日、ホテルの客室係が困惑した顔で立ち往生しているところに通りかかりました。「おい！　どうした？」と声をかけると、客室係は突然のホテルの社長の出現に緊張しながら「トイレがつまりどうにも困りました」と答えました。社長は状況を確認すると、いきなりワイシャツの腕をまくり、素手で便器に手を突っ込み奥で詰まった汚物をかき出してしまったのです。そして「便器が詰まったらこの手が一番だ」と平然と言い残し、その場を立ち去ったのです。客室係は、かつて社長が外国のホテルで雑用係をやっていた噂が本当で、だから我々の仕事のことも良くご存知なんだと感心し、さらに立ち往生していたのを咎めることもせず身をもって手本を見せてくれたのだと、その対応に感動し、改めて親しみと尊敬の念を抱きました。

これは一介のホテルマンから社長に登りつめた人物のエピソードのひとつです。この人物は、「人が人にサービスする」ことは、そこにどんな仕事があろうと一生懸命やること、そして仕事が好きになることだ、という至言を残しています。

⑤失われた10年のその後

現在は、戦争、テロ、不況、疫病、高齢化、少子化などあらゆる社会不安を抱えた時代です。こんな世の中で、事業を成功させるのは至難の業だと、事業経営に携わる不運を恨み、頭を悩ませている経営者は多いと思いますが、不遇の時代でも事業を成功させる経営、運営技法はあるはずです。しかし、現実には厳しい社会環境下で事業を成功させることは容易なことではなく、事業縮小、経費節減、人員削減などリストラで乗り切る話がほとんどです。

バブル崩壊後の失われた10年は日本中のすべての産業に、多くの課題を残していったようです。しかしこれからが問題なのです。確かに景気回復の兆しも見えてきましたが、次のステップでやるべきことは模索ではありません。私たちは過去に学んだマネジメント技法やオペレーション技法だけでは、乗り超えられない大きな壁にぶつかっています。この想像もできない大きな壁を乗り超えるには、過去の踏襲ではだめなのです。変化に対応できる新しい発想で、創造力豊かで柔軟な考えを持つ人材が今こそ必要なのです。

今までやりたくても出来なかった課題を、冷静に慎重にレールに乗せていくことです。かねてから考えていた戦略を実行することで、日本の全ての企業は暗黒の10年から脱出しなければなりません。潮の流れが変わってきた時、その流れをしっかり読み取り、乗り遅れないようにしなければ、再び広い大海を彷徨うことになりかねないのです。

ここで、日本におけるホテルの変遷を振り返ってみましょう。そこに、問題解決のヒントがかくされています。

明治23年（1890年）、帝国ホテルの開業後、ホテルの利用者は一部の富裕層に限られました。固定客を大切にし、安定したサービスの提供がホテルの生命線でした。ホテル間の競争も現代ほど激しくはなく、安定したサービスを提供できた時代です。

昭和39年（１９６４年）、東京オリンピックの開催によって、多くの人々がホテルを利用するようになり、ホテルは大衆化の道を歩み始めました。ホテルのサービスも様々な客層への対応が求められ、安定したサービスだけではすまなくなりました。法人、団体、個人、大人、子供、男、女、社会人、学生、邦人、外国人といった多種多様の顧客で、客層に応じたホテルも出現し、それに伴ってホテルのサービス内容も大きな転換を迫られました。ホテル価格の格差はホテルのグレードの差となり、利用客は自分のふところ具合や利用目的で、ホテルを使い分けるようになったのです。

しかしバブル期を迎えると、日本各地でホテル建設ラッシュが始まり、ホテル価格とグレードの格差はなくなり、外見とは裏腹な粗悪ホテルが乱立しました。ホテルは固定客に安定サービスを提供するわけでもなく、また客層にあわせたサービスを提供するでもなく、秩序のないサービスが横行しました。これは日本経済がバブル全盛期を迎え、ホテルに容易に顧客を確保することができたからです。

しかしバブル崩壊後、日本は暗黒の10年と言われる長い経済不況を迎えました。ホテル業界の落ち込みは特にひどく、顧客の足はすっかりホテルから遠のいてしまいました。ホテル・旅館の80～90％が赤字に陥り、破綻するホテル・旅館が続出しました。ホテルは存続のため他産業と同じく、経費節減とリストラ中心の経営に切り替えましたが、起死回生の一打は見つかりませんでした。21世紀に入ると、同時多発テロ、イラク戦争、金融不安、ＳＡＲＳ問題に加え、ホテル業界は外資系ホテルの日本上陸という危機を迎えました。日本のホテルは存亡を危ぶまれる事態となり、どのホテルからも生気が消え、魅力あるサービスも失われました。そして抜け殻と化したハードだけが残されてしまったのです。

バブル期や暗黒の10年を経て、ホテルから顧客主義が消滅し、代わりに経営者側の利益優先の理論が台頭し、これがホテル経営の主流になってしまいました。しかし、ホテル経営の原点でもあるホスピタリティーの精神を蘇らせなければ、どん底から脱出することはできません。このホスピタリティーが、今後のホテル経営の重要な課題なのです。

⑥安定したサービスの提供

ホテル業は、宿泊、レストラン、宴会、婚礼、物販、スペース賃貸、外部ホテル運営、外部レストラン運営など多岐に渡っています。ホテル業は、生活の延長線上にあるライフスタイルをハード、ソフト両面で提供する商売です。つまりホテルは「生活文化の延長線上にある商売」と言えます。食住の提供はもちろんのこと、人から受けるサービス、精神的な安らぎ、快適な環境や時間、喜びや祝福、便利さや豊かさ、安全や安心、こうした人間生活のあらゆるシーンが生命線になります。こうしたサービスを完璧に提供するのは並大抵のことではありません。しかし、顧客が満足できるサービスを提供できなければ、顧客は二度とそのホテルを訪れることはありません。

ホテルは人が人にサービスをする職業です。経営者側の理論だけでは、限界があります。ホテル経営の原点であるホスピタリティーを再び構築し、ホテル再生の戦略を立て直すべきです。ホスピタリティーを発揮するのは人です。ホテルを支える3大要素ハード、ソフト、ヒューマンウェアの中で、今こそヒューマンウェアが重要なのです。しかしこのヒューマンウェアがホスピタリティーとセットになっていなければ、意味がないことは言うまでもありません。

こうした状況下だからこそ、有能な人材が必要です。顧客の立場に立って、顧客を満足させることを第一に考える人材、さらに経営の黒字化を図れる人材が必要です。つまり、ホスピタリティーマインドを把握し、その上でマネジメント能力を持つ人間、これが今求められている人材です。

求められるホテルマン人物像要素は、次の５つです。

○ホスピタリティーを常に優先して考えられる人物
○マネジメント能力のある人物
○ホテルの真の問題点を発見できる人物
○問題解決の具体的な方法を自ら考え進んで解決できる人物
○リーダーシップを充分発揮できる人物

この要素を持つ人材こそが、ホテル業のみならずサービス産業全てにおいて活躍できうる人材なのです。

⑦ホテル再生に欠かせない人材と条件

（1）ホテル再生の鍵

ホテル業界は、外資系ホテルの出現、六本木・汐留・東品川など新開発地区のホテル開業で、ますます市場競争は激しくなっています。既存のホテルは本気で再生に取り組まなければなりません。

ブランド力のなくなったホテルには、本物のホテルマン、つまりホスピタリティー・マインドをもった有能な人材が必要です。これがホテル再生の必須条件です。特に総支配人の人選は、単なるホテル経験者ではなく、先にあげたホスピタリティー・マインドをもった、マネジメント力のあるホテルマンが必要で、こうしたホテルマンを実際に配置することが再生への大きな鍵となります。

人間は苦難を乗り切るために、妙案がないかと知恵を巡らすうちに、ヒントになる言葉や方程式が浮かんでくることがあります。しかし、今の時代は前例にない局面が多すぎて、うまく当てはまる言葉や方程式が見つかりません。ほとんどのホテルは、妙案どころか知恵も尽き果て、何もしないのが一番、とあきらめてしまっているようにも見えます。

世の中はどんどん進んでいるのに、開業して10年経ったホテルが、創業時と同じ理念や方針のままで経営を進めるのは無理があります。またハード面のリニューアルだけに頼るのも、財政的に限界があります。そう考えると、ホテル側がじっと我慢して動かないのが一番、と消極的になってしまう気分もわからなくはありません。しかし、何もしないで静観しているだけでは、ホテルはやがて消滅してしまいます。変化し続けるホテルは、アメーバーのようで扱いにくいのも確かですが、アメーバーは刺激を与えると増殖成長し、強く大きくなります。刺激を与えないと、外敵に攻め殺されてしまいます。この刺激がホテルにとっては、人材教育です。総支配人が強靭なリーダーシップを発揮し人材教育を重視すれば、他ホテルの追随を許さず、ホテルを大きく成長させることが出来るのです。

(2) 今いるスタッフを再確認する

景気の悪いホテルのオーナーや経営者から、よくこんな愚痴がこぼれます。

○「ウチには人材がいなくて」
○「地方なので良い人が集まりません」
○「ホテルって儲からない商売ですね」
○「儲けなくてもトントンで良いんです」
○「誰か良い人を紹介して下さい」

オーナーや経営者の愚痴を聞くと、「そうなのか、人材がいないのか。だからホテルが儲からないのか」と思いますが、実際にホテルのスタッフに会うと必ずしも悪い人材でない場合がとても多いのです。

しかしながら、「スタッフがいない」というホテルに共通して言えることは、ホテルに魅力を感じない場合が多いのです。その原因の多くは次のようなことです。

○玄関アプローチを入っても誰の挨拶もない
○フロントクロークは下を向いて仕事をしている
○レストランの食事に特徴がない
○空いているのにチェックイン時間が来ないとチェックインさせない
○清掃が行き届いてない
○従業員がホテルやその周辺情報に詳しくない
○笑顔がない
○お勧め商品がない

など、すぐにでも出来そうなことが全く実行されていません。この現象は、必ずしもホテルスタッフだけに問題があるわけではありません。

確かに、このホテルの総支配人やスタッフにはもう少し頑張る余地があります。しかし、オーナーや経営者は彼らに失望する前に、ホテルに「何をやっても無駄」と諦めムードが漂っている現実を悟るべきです。こうした場合、オーナーや経営者自身が自分のホテルに

「商品価値がない」と、はなから決め付けていることが多いのです。人材がいないと言う前に、まずスタッフの意識を改善すべきです。

（3）魅力ある商品価値はスタッフがつくる

顧客がホテルに魅力を感じないのは、そのホテルに商品価値がないということです。魅力のないホテルと判断すれば、お客様は二度と訪れることはありません。そんなホテルは儲かるはずがありません。

どんなホテルにも、当初は良い人材がいたはずです。しかし、良い人材も諦めムードの漂ったホテルに「自分は役に立たないのかもしれない」と感じて去っていく例が多くあります。しかし、残されたスタッフにもまだ見込みはあります。あきらめる前に、経営者はまず人材の流出を食い止めるために内部環境を刷新する必要があります。その手始めに、総支配人はじめ第一線で活躍するスタッフに、次のような言葉をかけてください。

○「君たちホテルマンに、魅力ある商品価値の高いホテルをつくって欲しい」

○「ハードの不完全な部分は、我々（オーナー側）も改善努力する」

○「しかしソフトとヒューマンウェアの部分は、君たちの力にかかっている」
○「君たちの魅力は、ハードやソフトに勝ると信じる。一層の価値の創出を期待する」

このように、人材の重要性と期待をスタッフ一同に伝えてあげることが大切なのです。

（４）人はモチベーションで変わる

人は、「自分は期待される人材である」と自覚すると変わるものです。

私はこうしたホテルで経営者側の愚痴を聞いたときは、敢えてこう答えることにしています。

「貴方のホテルのスタッフは最高ではないかもしれませんが、最悪の人材でもありません」

「この人たちは教育次第で、もっと素晴らしいスタッフに変わると思います」

「もう少し、夢や希望を与えてあげませんか？」

すると、経営者からこういう決まり文句が返ってきます。

「今までも、さんざん教育だ、何だとやってきたんですがね」

私はこうした返事に動じることなく、冷たく切り返します。

「モチベーションの存在しない教育は、やらないほうがましですよ」

同情を期待していた経営者は怪訝な顔をします。そこで私は少し時間をおいてから、次のように伝えます。

「ホテルの若いスタッフは皆、将来総支配人になりたいと思っています。でも、毎日、会議や数字の計算で、ヒイヒイ言っている総支配人には誰も憧れません。まず総支配人を自信に満ちた総支配人に変身させる必要があります。そのためには総支配人のデスクや椅子を、それなりにグレードの高いものに替えてあげてください。総支配人には、あまりデスクに座らせないようにしてください。彼にはロビーに立ってもらってください。館内を常に巡回させるようにしてください。また、お客様や従業員と充分会話が交わせる時間を取らせてあげてください。そして、お客様の声をホテルスタッフ全員で聞くような、システムをつくり上げてください。そうすれば、３カ月でスタッフのやる気は変化します。総支配人は皆の希望となり、総支配人自身にもリーダーシップが芽生えてきます。ホテル全員で『お客様のことを考えるホテル』になると、お客様からのお誉めの言葉も増えてきます。すると、ホテルスタッフはお客様に焦点を合わせたサービスを考えつくようになります。こうなれば次第にホテルにはお客様が増え、売上げも上がり、利益を出すことができますよ」

陸上競技でハイジャンプ（走り高跳び）という競技があります。これは選手が跳ぶ高さを競う競技です。もしこの競技で跳び越えるバーがなかったら、選手は記録を伸ばすことが出来ません。目に見えるバーが目の前に存在するからこそ、跳ぶ目標が認識され、挑戦して跳ぼうという気持ちになるのです。

ホテルマンにも、跳んで誉められるバーが必要です。バーを用意するのは簡単ですが、跳ぶのが難しいのです。バーがなければ誰も跳ぼうとしません。つまりこのバーも用意していないホテルが、実に多いのです。ホテルオーナーや経営者が、自分のホテルに「ろくな者がいない」と言うのであれば、「バーぐらい用意できるでしょう」と、私は注進します。魅力を失った利用価値の低いホテルは、必ずしも総支配人やホテルスタッフの責任だけでないことをお分かりいただきたいと思います。

(5) 所有・経営・運営の分離の意味

ホテルの組織が「所有・経営・運営」と分離されている場合(分離されている方が望ましい)、本来、所有者であるオーナーや経営会社は、運営会社に一切口を出すべきではありません。オーナーや経営会社は、たとえ運営会社に問題ある場合でも直接ホテルスタッフを指導したり指示を出してはなりません。無論、前述のようなスタッフ教育の必要性を考える責任は、すべて運営会社にあります。

運営会社が期待通りの売上げや、利益を上げられない場合は、オーナーや経営会社は運営会社に契約に基づいて抗議をするのが筋で、ホテルで働くスタッフを指導したり直接指示を出すのは契約違反です。つまりスタッフに問題がある場合、自分たちが契約した運営会社を相手に問題解決を計ればいいのです。運営会社が約束を守らないのであれば契約の継続をストップし、運営会社の入れ替えをすればいいことです。ホテル運営の専門家でないオーナーや経営会社が、運営に口を出しても決してよい結果は出ません。また、口出しをして失敗した場合は、その責任の所在はあいまいになるばかりで、何の効果ももたらしません。仮に、オーナーが直接ホテルスタッフに指示や指導をした場合は、運営会社は契約違反としてオーナー側に抗議すべきです。

（６）ホテルは生活文化の延長線上にある

ホテルの中では、人々が家庭生活で食事をしたり、ＴＶを観たり、お酒を飲んだり、お風呂に入ったり、寝たり起きたりするように、生活習慣の全てが行われます。したがって、そこで提供されるサービスの良し悪しは、誰にでも簡単に判断できます。例えば食事がまずいとか、お茶がぬるいとか、壁紙の色が暗いとか、花が枯れているとか、普通の人間なら誰でも、ホテルを寸評できる立場にあるのです。オーナーや経営会社が口を出したがるのも、こうした背景があるからです。

しかしここで口を出すと、運営側は運営責任を取らなくなります。どんなに口出しやすい内容でも、運営会社に任せなければ良い運営は出来ません。どうしても口を出さざるを得ない程度の低い運営会社なら、直ちに優秀な運営会社に切り替えるべきです。ホテル運営は、オーナーや経営会社が口を出しても基本的に良くなりません。

また、ホテルオーナーや経営会社が、利益が上がらないホテルを、自ら価値のないホテルだと思い込んでいるケースがあります。その理由の主なところは、ハードの陳腐化にあります。古いホテルを改修しようとすれば、莫大な補修費がかかります。資金面でハードの改修費用を捻出できず、抜本的な改善のメドが立たない場合、彼らは運営会社に原因があると問題をすり替えます。運営会社の運営能力や人材能力に不満を持ち始め、責任を押しつけようとします。こうした状況に陥ったホテルに対しては、次のように忠告したいと思います。

Ⅰ　ハードの改修見込みが立たなければ、廃業すべきです。

Ⅱ　ハードが解決できなければ、担当従業員のモチベーションを下げるだけ。運営会社は何時までもこのホテルに固執せず、早々に撤退すべきです。

Ⅲ　顧客や従業員を大切にしないホテルは、存在する意味も価値もありません。

運営会社は、オーナーや経営会社につけ入る隙を見せず〝ホテルは生活の延長線上にある〟を貫くことが大切です。ホテル施設が家庭の延長線上にもないような劣悪かつ老朽化している状態、常に顧客から苦情が出てくるような状態、安全管理上疑問があるような状態、従業員が自信をもって売れないような状態と、このような環境劣悪なハードでどうして、顧客を満足させることが出来るでしょうか。

サービス経済社会では、ハードの品質が基準水準を超えるのが大前提です。それに加えて、いかに素晴らしいホスピタリティーが付加されるかが、サービスの価値基準です。施設が商品として価値がないと判断されれば、市場から撤退しなければなりません。

ヨーロッパのホテルには、何百年も前に建てられた建物を今でも使っている例がいくらでもあります。「クリヨン」、「ジョルジュサンク」、「リッツ」、「クラリッジス」…皆超一流ホテルです。メンテナンスをしっかりやれば、ホテルは何百年でも生きるのです。古いからだめなのではありません。傷んだホテルを放置したから老朽化するのです。こうしたメンテナンスが出来ないオーナーや経営会社は、ホテルを経営する資格がないのかもしれません。

2. 魅力ある個性を育てる

①意欲も個性もない原因

7・5・3と言う数字があります。これは、中学を卒業した子供の7割、高校を卒業した者の5割、4年制大学を卒業した者の3割が、就職後3年以内に仕事を辞めてしまう、という何とも信じがたい数字です。こんな国は世界でも珍しいということです。上司に叱られたから、休みが取れないから、給料が上がらないから、というのが辞めてしまう原因のようです。一体今の若い者は何を考えているのか？　と一喝したいところですが、呆れてばかりはいられません。

これには、日本の教育制度や社会に問題があって、強いては私たち大人にも責任があるからです。子供のころから試験にさえパスすればよいと教育された子供たちは、仕事をする能力を備えているものの、その意欲を備えていないのです。平均点を重視する試験制度で、自分が得意とする学科や趣味を持ちえたとしても、それを伸ばすことを禁じられてきたのです。こうした子供たちには、大切な個性が欠如してしまっているのです。

育てる責任とは、どういうことかをホテルを例にとって説明します。

ホテルが意欲のないホテルマンを雇っているとしたら、その影響を一番に受けるのは顧客です。そんなホテルに泊まった顧客はたまったものではありません。わざわざお金を払って、寛ぎや安心を得るためホテルにやって来たのに、そこに意欲のないスタッフが待ち受けていたのでは、逆にストレスが溜まってしまいます。しかし、ここで「最近の若い者はしょうがない」、「ホテルの人事はろくな者しか集めていない」と嘆いても解決しません。私たち社会の大人全員が、このような若者を育ててしまったのです。若者の教育をどうするかは、私たち大人の責任で考えるしかありません。

入社した新入社員には、一からホテルとは何か、ホスピタリティーとは何かを教え、その魅力を悟らせなければなりません。そして、ホテルマンとしてやるべきこと、知るべきことを教育する中で、人が人にサービスする魅力とは何かを考えさせることが重要です。そうした指導の中で、個人の持つ個性を引き出し、その個性をいかに活用できるか導いてあげる必要があるので、その社員に、自分にしか出来ないこと、自分らしい魅力がどこにあるのか、気付いてもらうことが必要です。

もちろん、個人のパーソナリティーの気付きや発見が、直ちに仕事に役立つかどうかは分かりません。まずは、本人にとって自分の努力や自分の持っている才能を個別に評価されることに意義があるのです。自分の得意なものが評価されると、自ずと自分がやっているすべての仕事を評価されたいと努力するようになります。仕事に対する意欲が芽生えてくるのです。こうした時期に、改めてホテルの魅力をインプットさせます。この時期をはずすと効果が薄れますので、タイミングが大事です。こうして個人の能力を評価し、日常的にホテルの魅力をインプットしていれば、自然に仕事に対する意欲が湧いてきます。

②若者は素晴らしい可能性を持っている

私は大学で、学生たちにプレゼンテーションによる「マーケティングゲーム」を2時限の授業に分けてやってもらっています。このゲームのやり方については、訓練の章で紹介しているのでご参照ください。

大学の学生はホテルについての知識を全く持っていないので、ゲームスタートの1週間前にホテルについての軽いレクチャーを行い、学生からの質問を最小限度、受け付けます。後は自分たちでホテルについて調べてもらいます。学生たちはこの1週間の間に都内の幾つかのホテルを見学したり、旅行代理店からパンフレットを集めてくるなどして下準備をし、それからゲームに入ります。

この授業は、いつも私を驚かし、また感動もさせられます。それはサービス業の知識がないにもかかわらず、学生チームの殆どが個性的な「お客の喜ぶ企画」をマーケティング戦略に取り入れて表現してくれるからです。

例えば、「リゾートでの結婚式は思い出作りが大切。山小屋や無人島での結婚式があっても良い」「ホテルの食材は産地直送にする、料理メニューにはワイン畑の名前、作ったお百姓の名前を入れると楽しい」「健康のため洋食の薬膳メニューを」「おいしい地元特産品を使ったデザート（ブドウやりんごなど）を注文すると、特産品のお土産がつく、さらに家に帰ってから通販で取り寄せられるシステム」「都会では道路に向いてお茶を飲むのが流行。リゾートでは景観を楽しめるよう、前面総ガラス張りの階段式レストランにして全席景観ビュー席に」と個性に溢れています。

現役のホテルマンが顧客を忘れ個性を失い意欲に欠ける傾向にある中で（全てのホテルマンではないが）、彼らの発想は稚拙な部分もありますが、顧客の立場に立った、実に個性的な発想だと思います。毎回、授業時間一杯ゲームを行いますが、終了間際を迎えると物足りなさを訴える学生もいるくらいです。

私は学生たちに「君たちの発想は、すぐには使いものにならないものもあるが、大いに個性的で、意欲的だ！　社会人になってもこの精神を大事にして欲しい。企業の一員になると、人はたちまち周囲や上司に妥協し、顧客を忘れ個性を失ってしまうことが多い。そんな時どうかこの授業での自分自身を思い出して欲しい」と、最後に結びます。

③ホテルブランドは従業員の魅力から

ブランドの語源はバーン（burn＝焼く）で、放牧牛の所属を明らかにするため、目印として牛に焼印をつけたことから派生した言葉だそうです。

ホテルの従業員はそのホテルに所属する限り、ホテルブランドそのものであることを忘れてはなりません。従業員一人一人の魅力があってこそ、顧客はそのホテルに惹きつけられます。

例えばホテル知識の全くない学生に「ホテルは誰のためにあるか？」「それは顧客のためにあるんだ」と教えれば、少ない知識から顧客を喜ばす企画を一生懸命考えます。なぜ現役のホテルマンは、顧客を喜ばすことを考えようとしないのでしょうか？　それはマネジメント自身に責任があると気付かねばなりません。マネジメントは朝から晩まで、コストコントロールしか頭になく、顧客のことを話題にもしません。従業員に「ホテルは誰のためにあるか？」「それは顧客のためにある」と説いてあげることがないのです。顧客に喜こんでもらおうとする従業員の気持ちを引き出し、それぞれの個性を育むことで、ホテルブランド力が高まることを認識しなくてはなりません。従業員一人一人の個性が、顧客を惹きつけることを忘れてはならないのです。

日本のホテル業界は毎年、どのホテルも同類の企画を繰り返しています。ホテルのマンネリに顧客は呆れ果て、ついには見放してしまっています。結果的にホテルが苦戦を強いられているのが現状です。

多くの顧客は、ホテルのブランドに期待してやってきます。まず、顧客を大切にしてくれる良く訓練されたホテルマンが一生懸命働いている姿をイメージし、次に、おいしい食事や、快適なベッド、清潔なバスルームをオーバーラップさせます。しかし実際に滞在して、もし顧客がホテルの従業員から不快な接遇を受けたとしたら、おいしい食事や快適な客室のイメージなど一遍にすっ飛んでしまうでしょう。顧客の誰もが、ホテルで働く全ての人々から喜びや感動を受けることを期待しています。高度な技術や知識よりも、ちょっとした親切ややさしさを受ける方が有難く感じるものです。

しかし、残念ながら多くのホテルでは、知識や技術をロボットのように画一的な基準で満たしていれば良いと思っています。そうしたホテルの従業員は、人間ではなくロボットのようで、心が感じられないのです。心とは人間らしさそのもの。個人個人、人格が違うように、人によって様々な心があってもよいはずです。無理に画一化しようとすると、ロボットになってしまいます。人間らしい心があれば、個性は生まれます。さらに優れた個性は人間的魅力をかもし出します。魅力的な従業員を抱えたホテルが、ブランド力のあるホテルだと言って良いでしょう。

④いてはならないサービスマン

「人が嫌い（好きになる努力をしない）」
「仕事が楽しくない（仕事に情熱を持っていない）」
「人に冷たい（相手を気遣うことをしない）」
「職場に魅力を感じてない（職業に誇りを持っていない）」
「人に喜んでもらいたくない（人のために何かをする喜びを知らない）」
「感動したことがない（心がすなおでない）」

「個性がない（本当はあるのに発揮できない）」

「趣味がない（興味の幅広さは仕事にも役立つ）」

「演技ができない（大抵は訓練で出来るようになる）」

もしこんな社員が、サービス現場にいたら顧客は絶対に満足しません。マネジメントに立つ人間は、こんな従業員がなくなるよう直ちに対策を立てるべきです。

第4章　ホスピタリティーの訓練

①ホスピタリティーが顧客の心をつかむ

現在、企業間競争は激化の一途をたどり、経済・社会環境は決して良いとは言えません。経営に苦しむ企業が立ち直るきっかけは、財務的な支援だけとは限りません。企業自体が顧客の立場でものを考え、顧客の心や気持ちを大切にして、毎日の業務に取り組んでいれば、必ずチャンスが訪れます。顧客がいる以上は、その数に関わらずホスピタリティーは発揮できます。むしろ顧客が少ない方がホスピタリティーを発揮する機会は多いと言えます。

ここに二つの例を上げてみます。

ある企業の研修担当者が、東京近郊のリゾートホテルに予約確認の電話を入れました。

「株式会社ＡＢＣ研修担当の山本です。伊藤さんをお願いします」

「はい、少々お待ち下さい。申し訳ないのですが伊藤は会議中です。後ほど伊藤本人から電話をさせますので、電話番号をいただけますか？」

後日、この顧客は仮予約を入れていた研修をキャンセルしてきました。このホテルには喉から手が出るほど受けたい予約でしたが、いとも簡単に逃してしまいました。お分かりだと思いますが、ホテル内部の会議つまり身内の打ち合わせを理由に、顧客からの電話をとりつがないホテルに、企業が大切な社員教育研修場所として使うはずがないのです。

ある男性が、自動車販売店A社に古い車で乗りつけ、新車のカタログをもらって帰りました。男性が家に到着すると同時に、自動車販売店A社から電話がかかってきました。

「本日はご来店ありがとうございます。当社のカタログを見ていただきましたでしょうか？　勝手ではございましたが、拝見した当社製のお車の下取りと、新車の見積もりをご郵送させていただきましたので、どうか宜しくご検討くださいますよう」と。

男性はこの販売店の対応にいたく感心しました。チラッと見た自分の古い車の番号から住所と電話番号を調べ、間髪をいれずに電話で新車のセールをし、見積もりを発送したのですから。しかし、この話には後日談があります。

その翌日、男性は年老いた母親用に簡易携帯電話を購入するため、前日とは別の自動車販売店B社を訪れました。そこで電話購入の手続きを終え店を出ようとすると、担当の販売員は携帯電話わずか一本の購入にもかかわらず、店外まで見送りに出てきたのです。その時点で、事態は大きく変わりました。見送ってくれた担当者はその男性の車のフロントガラスを見て、「お客様、大変失礼ですがこのお車の車検は先月で切れているようですが、お気付きでいらっしゃいますか?」といきなり切り出したのです。男性は意外な申し出にびっくりし、その担当者と車に入れてあった車検証を取り出し確認しました。やはり車検は切れていました。販売店の担当者は、

「当社ですぐに、代車を用意いたしますので、もしお車のご購入予定がありましたらご検討くださいますよう」

と謙虚に申し出ました。男性は迷うことなく、その場で自動車販売店B社で新車購入の手続きを取ったのです。

自動車販売店A社もなかなかの対応でしたが、B社はそれ以上の対応だったと思います。B社の担当者は古い車をチラッと見て、「新車を売ろう」という営業心を優先させず、「なにか顧客の役に立つことはないか」とまず考えたわけです。

ホスピタリティーは、このように何時いかなる時でも発揮する機会があります。油断を

していると競合相手に顧客を奪われてしまいます。目の前に顧客さえいれば、ホスピタリティーはいつでも発揮できます。そしてその機会はいつでもあることを、肝に銘じておいてください。

②ホスピタリティーに関心が薄い日本企業

世界的にみると、本気でホスピタリティーに取り組もうとする企業が増えています。しかし日本の企業全体では、まだまだ少ないのが現状です。なぜ、日本の企業では、ホスピタリティーの取り組みが遅れているのでしょうか。

バブル期は、商品さえ造ればすぐ売れる時代でした。スーパーやデパートを建てれば、すぐにお客はやって来ました。ホテルも建てさえすれば、予約はすぐ埋まり売上げが上がりました。ホテルオーナーや経営者は、なにもしなくても利益の上がるホテル経営を難しい事業とは考えていなかったのです。しかし、バブルが崩壊すると、たちまちお客も売上げも減り、当然のことながら赤字経営に転落してしまいました。こうした状況でホテル経営者が行った再建策は、製造業と同じく経費の大幅削減と社員のリストラでした。

バブル崩壊後、ホテル業のみならず、金融機関、テーマパーク、出版業界、流通業界といったあらゆる企業は苦境に立たされ、リストラ策で経営立て直しを計りました。しかしホテルはバブル崩壊後から10年間、再建された例は殆どありません。その理由はホテルを製造業と同じレベルで捉え、《サービス＝商品＋ホスピタリティー》という公式を、完全に無視したからです。残念ながらこれは事実です。現在はサービス経済社会です。一昔前のモノ生産社会のままの感覚で、サービス業を営む時代ではありません。

こうしたサービス経済社会では、顧客の接点となる業務につく人間が最も重要な役割を担っています。にもかかわらず、新入社員やアルバイトに小手先だけの技術（作業）を教え、即戦力として人前に立たせているケースをよく見かけます。これではリーダーは、サービス業のトップとして失格です。サービス現場にはもっと有能なリーダーを配置し、そのリーダー自ら「人が人にサービスをする」現場に立ち、状況を点検・確認しなければなりません。さもなければ、顧客を満足させることなど到底不可能です。さらにリーダーは部下に「おもてなしの心」＝「ホスピタリティー」について、あらゆる機会をみつけて教育・訓練することが必要です。これはリーダーの大切な使命でもあります。

③ゲームによる訓練

ホテルの場合、リーダーは総支配人です。ホテルの総支配人の新人訓練は早ければ早いほど効果が上ります。特に現場の慣習に染まっていない新人に対しては、一刻も早いホスピタリティー訓練が必要です。マニュアル通りの訓練ではなく、より効果の上がる訓練の実施が望まれます。次の例は、ホテル業に限らずサービス業に関わる人々にはぜひ実施してほしい訓練方法です。

（1）人に関しての観察力

まずは、人に関心を示す訓練から始めます。日ごろ何気なく見ている周囲の人をしっかり意識し、見ただけでその人物がどんな人物かを見抜く訓練です。

・一度に訓練を行う人数は４人から30人程度の偶数人数が適当です。

・最初に面識のある職場の同僚同士にペアを組んでもらいます。
・お互いに相手の「趣味、好きな食べ物、特技、性格（長所のみ）、友人関係」について、どの位把握しているか、A４用紙に出来るだけ沢山書き出してもらいます。
・その友人についてどの位把握していたか、互いに採点し合います。観察力のある方は、用紙にぎっしり相手の情報を書いているはずです。

次に、同じ職場や社内でも面識のない同士でペアを組んでもらいます。
・まず一人が相手に5分間インタビューをします。質問は、子供のころからの生い立ちなど何でも結構です。ただし、相手の長所などを上手に聞きだし、発表の際相手を誉めてあげる材料が多くなるよう促します。インタビューの内容はメモを取ってもらってかまいません。

インタビューが終わったら2人揃って皆の前に出てきてもらい、インタビューした方がされた方を横に座らせ、インタビューの内容を5分程度で発表してもらいます。観察力のある人は、感動するような内容を発表するはずです。

こうした訓練は、誰が観察力があるかと比較するのではなく、身近な相手を対象に人を観察する力をつける訓練ですから、相手を代え、内容を代え、何回もやってみてください。要領をつかんでくると、訓練を受けたすべての人が、人をすばやく観察できるようになり、しかも相手の長所を上手に引き出すようになります。つまり、顧客に喜んでもらうコツがつかめてくるのです。

この他にも、自分の家の近くの駅から自分の家まで、どんな商店、建物、施設があるかを、出来るだけ細かく発表してもらう方法があります。日常生活の中で、観察力を養ってもらう訓練です。ホテル周辺でどんな祭事が何時あるかなど、顧客に役立つ情報はこうした訓練で簡単に養われます。

（2）お客様についての気付き

街のレストランに入って、お客の様子とウエイター（又はウエイトレス）の対応をよく観察してみるのも、良い訓練になります。まず自分が見ているレストランの状況（混んでいるか、空いているかなど）を把握し、次にお客とレストラン側の対応をチェックしてみることです。
・料理を待たされているお客がいたら、そのお客の気持ちは？（いらいらしているか？してないか？）
・その時のウエイターの反応は？（待たせていることを気にしているか？　気にしていないか？）
・別のお客が入り口から入ってきたとき、ウエイターの反応は？（気付いているか？　気付いていないか？）
・老人客がいたなら、ウエイターの反応は（気配りをしているか？　していないか？）
・オーダー待ちをしているお客がいたら、ウエイターの反応は？（気付いているか？　気付いていないか？）
・コーヒーのおかわりを注文しようとしているお客がいたら、ウエイターの反応は（気付いているか？　気付いていないか？）

自分が見ているシーンで何か起こっているかを、客観的に判断してください。自分がレストランの当事者では全体の状況を冷静に把握することが出来ませんが、よそのレストランのことなら客観的に見ることが出来ます。自分ならばこうする、こう出来ると、頭の中でイメージしてみてください。

これが、お客様に対して自分がどう対応するか確認できる良い訓練方法です。目の前で展開される「気配り」「目配り」「心配り」を確認すれば、実際に自分がお客様に対して、果たして出来ていることなのかどうか確認することができます。この訓練は、他にも銀行、病院、役所の待合室などでも実施できます。

（3）サービスには舞台演技が必要

サービス業の現場は劇場のステージだと思ってください。そこで働いているスタッフはみな舞台の俳優です。従って、しっかり演技が出来なくてはなりません。

例えばお客様がホテルに入ったとたんに、歩き方や口の利き方が変わることがあります。女性のお客様の中には、口の利き方を変えたり、急におしとやかになる人がいます。

これは一体なぜでしょう？

お客様は、ホテルの雰囲気に知らず知らずのうちに自分を合わせているのです。ホテルの雰囲気に相応しい自分を演じているのです。

さて、ホテルで働くホテルマンの方はどうですか。それに対応した演技が出来ているのか確認しましょう。

お客様が演じているステージを乱してはいけません。ホテルマンも、ステージに相応しい演技をしなければなりません。雰囲気や空気に自分を合わせることが出来なければ一流のホテルマンとはいえないのです。

お客様の方もホテルマンの演技を、一挙手一投足見逃さずに見ているはずです。お客様を満足させるか否かは、ホテルマンのその演技にかかっています。

演技は作り物ではないか、という人がいますが、心から演じている「心や気持ち」は本物です。真剣に演じることの出来ないホテルマンは、ステージには立てません。中途半端な演技では、ステージの雰囲気を壊すだけでいい舞台にはならないのです。

それでは、演技上達のための訓練方法を紹介します。

Ⅰ　まず最初に、スマートな歩き方、スマートな挨拶、スマートな言葉遣いを心がけてください。スマートさは「人が人にサービス」するサービス業では欠かせない条件です。実技の訓練を繰り返し実施することで充分身に付きます。ただし、外見も重要な評価ポイントになりますので、頭の先からつま先まで、身だしなみに気配りしてください。

Ⅱ　丁寧さ、親切さ、暖かさ、やさしさは、ホスピタリティーの心臓部であり、人の「心や気持ち」に触れる部分です。ホテルに限らずサービス業においては「弱者救済」という気持ちを、いつも念頭においておいてください。

・特に子供やお年寄り、身体の不自由な方々には、無条件に気を配り、起こった事態には、瞬時に反応できるように心がけてください。

・ロビーにお年寄りが入ってこられたら、お年寄りの動きから目を離さないよう常に心がけてください。
・お年寄りが重い荷物を持っていたり、スロープでつまずきそうになった場合を、常に想定しておくことが必要です。事態が変化したら、すぐダッシュできるような癖を付けておくことが大切なのです。
・日常生活でも、常に「弱者救済」を心がけ、電車の中、横断歩道などどこでもこのダッシュの態勢をとれる状態が、一番良い訓練方法です。
・それではなぜ「弱者救済」が演技の部類に入るのでしょうか？　サービス現場に限らず健常者が弱者の救済シーンに遭遇した場合、誰もが人助けに対しては心地よい満足感を味わいます。もし、こうしたシーンに誰も何も手を差し伸べなければ、不快な気持ちと自分自身も助けてあげられなかったという自責の念にかられます。したがって、サービス現場で働く人達には、そこに居合わせた人々に対し豊かで微笑ましい環境を演出する義務があるのです。
・実際に、健常者の人達にとって、こうしたシーンは、たとえ次の順番が自分であって、弱者の登場により順番が後回しになっても不快を感じるどころか、優越感に似た喜びを感じています。「弱者救済」はステージを見ている誰もが望んでいるシーンであることを忘れてはなりません。サービスを提供する者は自分自身が真っ先に「弱者救済」シーンに登場できる訓練を怠ってはならないのです。

Ⅲ　人に感動を与えるにも演技力が必要です。

A君は、同僚のホテルマンがお客様になにやら一生懸命説明している様子が気になりました。そのお客様は「何十年ぶりに知人が訪ねて来てくれたので、写真をとりたい」と言っているので、同僚はホテルの写真室を勧めました。しかし、お客様はその料金を聞いてびっくりしています。

そこでA君は「お客様、もしよろしければ」と自分愛用のカメラを持参し、そのお客様に貸しました。A君はカメラをその時だけでなく、一日中貸したのです。夕方、アメリカに発ったそのお客様は、後日そのときのプリントをA君とホテルの総支配人に送ってきました。

添えられた手紙には「戦後日本に夫婦で住んでいた時、近所で親切にしてくれた妻の友人が30年ぶりにホテルに訪ねてきてくれました。その時あなたのホテルのスタッフが貸してくれたカメラで撮った写真を帰国して足の不自由な妻に見せたら、涙を流して喜んでくれました。足が良くなったら、妻は必ず写真の友人とあなたのホテルのスタッフに会いに日本に行きたいと言っています。妻の足は多分もう治らないと思いますが、ご親切を心から感謝しています」と書かれていました。

これも演技だというと困惑するかもしれませんが、人前で困っている人を見過ごしては、ステージの雰囲気を壊すことになりかねないということであえて演技としました。ホテルのロビーで悲劇のドラマはあってはならないのです。

「困った人に出会ったら、普通では出来ないことに如何に挑戦するか?」「自分の身内が困っていたらどうするか?」「本当に助けてあげられないのか?」をまず考える訓練をしてください。

職場内で起こる色々な事例を仲間同士で情報交換し、常に「自分ならどうする」と自問し、自分の答えを導き出すことが訓練になります。

Ⅳ　その他

・お祝いで喜んでいるお客様には、祝福の態度と言動で接する
・悲しみでふさいでいるお客様には、静かに厳かな態度と言動で接する
・はしゃいで興奮しているお客様には、優しく楽しい雰囲気で接する

など、その場の状況や雰囲気を即座にキャッチし、その場に溶け込んだ自分を演出できるよう、日ごろからの訓練が必要です。無論、ロールプレイングなどで体験訓練の方法も有効です。

(4)「心からの笑顔」はプロフェッショナルの条件

「心からの笑顔」でなければ、サービスマンは失格です。サービス業の現場では笑顔は絶対に欠かせません。また、同じ笑顔でもプロフェッショナルのサービスマンはいつでも自然に「心からの笑顔」を出せなくてはなりません。そのためには、自分自身がいつでも

「心からの笑顔」になれる状態が必要です。家庭環境、職場環境、社会環境などが、常に自分にとって快適な環境であるよう保つ努力が大切なのです。

例えば、朝、出がけに夫婦喧嘩をし、そのまま出勤してきたとします。このような後、職場で「心からの笑顔」になることが出来るでしょうか？　こうした状況ではなかなか難しいかもしれません。サービス業に携わる者は、常に自分の周囲の人間関係から良い状態にしておく努力を怠ってはなりません。人ではなく自分が努力しなければ良い状態を何時までも維持できません。

些細なことでトラブルを起こさないよう、常日頃から相手の「心や気持ち」を充分にくみ取ることが大切なのです。ホスピタリティーは何も職場だけのテクニックではありません。必要なのはその人自身の人間性であり、人格なのです。だからこそ「心からのおもてなし」が大切なのです。職場以外でも発揮できるよう努めてください。

「心からの笑顔」の〝心から〟とは、〝本心から〟ということです。うわべだけでは相手に見抜かれてしまいます。本物でないと、ホスピタリティーの効果は発揮できません。「心からの笑顔」は、ホスピタリティーの基本の基本です。サービス業では相手と会った瞬間から、あなたの評価は始まっています。あなたの顔から「心からの笑顔」が出てくれば、あなたはサービスマンとして合格です。

一流のサービスマンを見分けるのは簡単です。彼らは、何時でもどこでも「心からの笑顔」を見せてくれるからです。「心からの笑顔」をするのは、いくつかのポイントがあります。

①まず自分の日常生活を楽しく明るいものにする。
②周囲の人々と日ごろから良い人間関係を作っておく。
③顧客の前で、会ったとたんに「心からの笑顔」が作れるよう、練習相手や鏡の前で何回も繰り返し練習をする。
④自分の笑顔を練習相手に評価してもらう。
⑤自分自身のチャームポイントや外見の良し悪しを練習相手に指摘してもらう。
⑥どんな時でも、誰に対してでも「心からの笑顔」になれるよう努力を続ける。
⑦職場では、人前に出る前に自分白身の「心からの笑顔」を鏡で確認する習慣をつける。

以上の訓練をすれば「心からの笑顔」は、誰でもどこでも必ず出来るようになります。ただし、本気で訓練に取り組むことが条件です。

(5) 心からのおもてなし

心からのおもてなし＝ホスピタリティーです。これはもてなす側（売り手）の理論でなく、もてなされる側（買い手）に立った理論でなくてはなりません。リーダーは部下にこの点を明確に確認し、自分たちのとるべき行動を決めることが重要です。

「お客様はなぜ来てくれたのか？」

「お客様は何を期待しているのか？」

「お客様はどうしてもらいたいと思っているのか？」

こうしたことを常に意識した上で、相手の「心や気持ち」を察する売り手側になるためには、訓練が必要です。

この訓練は、5人から30人ほどが適当です。

Ⅰ　まず5人ずつグループを作ります。
Ⅱ　グループの1人が別室に行って積み上げられた積み木の形を確認して戻ります。
Ⅲ　グループの前にはバラバラに置かれた積み木が置かれ、戻った人は一切口を使わず、別室で見てきた同じ形の積み木を4人に作らせます。
Ⅳ　答えを知っている1人は教えたくとも、ジェスチャーで表現するしかありません。他の4人が、答えを知っている1人の思っていることを察すれば、かなりのスピードで別室と同じ形に積み上げることが出来ます。

この場合は、相手の気持ちを読み取って、それを表現するにはどうしたらいいかをみなで協力しながらやっていくことを身につけるのがポイントになります。

他の4人は置いてある積み木を一つずつ取り上げ、どの積み木が一番下か聞き出し、次にその向きを聞き出し、続いてその上の積み木がどれか、一つずつ積み本を取り上げ聞き出し、次に積み木の向きを聞き出す、という具合にすればよいのです。

このゲームは、積み木の形を知っている1人が何かしてくれるのを待っていても、何も起こりません。ただ時間が経つだけです。4人が積極的に相手の考えていることを察し行動に移ると、一切口がきけない相手から、かなり複雑な積み木の積み方を引き出すことができるわけです。

このゲームを通して、参加者は顧客の「心や気持ち」を知るには努力が必要だということを学びます。「おもてなし」とは、お客様に言われてやることでもなく、決められたことだけをやるのでもなく、自分から進んでやることだということが分かります。

（6）お客様の身になる

「お客様の身になる」とは、お客様の「心や気持ち」を知ることとほぼ同じことですが、ここでは若干ニュアンスの違う点を取り上げてみました。

「お客様の身になる」と言葉では簡単に言えますが、実際には大変難しいことです。お客様とは育った環境、社会的地位、あらゆるものが自分と違うのですから、そう簡単にお客様の身になれるものでもありません。しかし、サービス業に従事する者はどんなことがあってもお客様の身になって、考え行動しなくてはなりません。例えば次のような状況が発生したとき、どんなことができるでしょうか？　実例をもとに皆で意見を出し合い、お客様の身になった答えを探し出してみましょう。ホテルを例に問題を出します。

●雨でずぶ濡れになってホテルに入ってきたお客様がいたらどうしますか。
●手が凍えるような寒い日にお客様が到着したらどうしますか。
●バスルームのライトは夜中トイレに行くとまぶし過ぎる、どう対応しますか。
●客室に雑誌やメモなど忘れ物をするとゴミと一緒に処分されるので困る、どう対応しますか。
●ホテルのベッドはシーツと毛布がマットレスに巻き込んであるので寝るとき足元が窮屈でいやだ、どうしますか。

こうした問題を、職場で取り上げ、お客様の身になって全員で考えてください。右記のような問題はどこのホテルでもあり得ます。でもきちんと対応しているホテルはほんの一握りです。ちなみに適切な対応をご紹介します。

↓ずぶ濡れのお客様が到着したら、チェックイン手続きは後にして、フロントで乾いたタオルを用意し、まずは拭いていただく。

↓客室に暖かいスープやコーヒーをお届けする。

↓バスルームのライトが徐々に明るくなるような装置に切り替える。

↓客室から出るゴミは階数ごとにまとめ、2日間は処分しない。

↓滞在客がマットレスからシーツや毛布をはずして寝ていたら（痕跡でわかる）、滞在2日目からははずしたままベッドメイクをする。

以上の実例は訓練に入るかどうか分かりません。しかし現場での実例は、お客様の立場に応じて、臨機応変な対応が必要だということが分かると思います。

こうした問題は何もホテルだけに限られたことではありません。大きな病院では、診察券を出してから2時間も待たせるところがあります。例えば整理番号をコンピューターに覚えこませ、自分の順番が来る例えば10分前あるいは20分前に携帯電話に呼び出してもらえたらどうでしょう。時間がずいぶん節約できます。こんなシステムがなぜ考えられないのでしょうか。お年寄りなら一旦家に帰って休むこともできます。この程度のシステムは、既に回転寿司チェーンでも導入しています。

近頃病院では、患者の名前を「○○様」と呼んでいます。こんな気遣いがあるならば、長時間待たされる患者の身をもっと気遣ってもらいたいものです。病院といえども、サービス業の範疇に入っていることを忘れないで欲しいと思います。

(7)顧客記憶術

ホスピタリティーの基本は相手を知ること、と前にも述べましたが、お客様を知ることの一つに、一回来られたお客様を憶えることも訓練する必要があります。

東京の目黒に〝とんき〟というとんかつ屋があります。ここに勤務していたお年寄りの女性グリーターの顧客記憶術は天下一品です。〝とんき〟はいつも混んでいて、席待ちのお客が大きなコの字型のカウンターの客席の後ろに何十人もずらっと並んでいます。その女性グリーターはまだ席に着いてない立ったまま待っているお客に、数種類あるメニューの中から注文を次から次へと聞き、小さな紙片に何やら瞬時に書き込んでいきます。厚紙の紙片は何枚か重ねて花札を持つよう左手で握り、注文の順番が狂わないように、書き終わった紙片は必ず一番下に入れています。いつも混み合っている店で、長いときで30分近く立ったまま待たされることがありますが、席が空くと待っているお客を順番どおり、空いた席に案内します。お客は黙って座って待っていると、注文した通りのメニューが、正確に目の前に出てくるので初めての客はびっくりします。

彼女の神業《かみわざ》的オーダー取はすべて符丁でお客の外見や風体を、「男性青の上着でめがね」、「女性赤のセーターで茶髪」、「夫婦で小学生子供3人」という風に書き留めているのだそうです。メニューも当然符丁。これはやり方さえわかれば誰でも出来そうな顧客記憶術です。是非、挑戦していただきたいと思います。

付け加えますが、彼女は月一回程度しか利用しない私の父が、とんかつソースでなく醤油を使うことを覚えていて、席に着くと必ず醤油を持ってきてくれます。常連が多いこの店で、何故そこまでできるのかはいまだに謎です。

記憶の訓練は以下の要領で行います。

Ⅰ　リーダーは毎日、部下から顧客情報を取ること。

Ⅱ　訓練時には1人当たり30人以上のお客様について、知っていることを紙に書かせること。毎日顧客情報をあげている部署の従業員であれば、30人は書き出せるはずです。

（8）マーケティング訓練

マーケティングはサービス業にとって重要なテーマですから、興味を持って学ぶ必要があります。専門的な訓練は時間を要しますが、次の訓練は3時間で済みます。

Ⅰ　10人から30人の人数が訓練に適しています。5人ずつグループを組んでもらいます。グループで、社長1人、営業部長1人、デザイナー1人、コピーライター1人、総合アシスタント1人を決める。

Ⅱ　それぞれのグループに大き目の画用紙と絵の具を1セットずつ配る。

設定としては、ホテル（レストランでも病院でも何でも可）を再生させるためのマーケティング・プランニングのスタッフとして、問題のホテルをどう再生したらよいか、そのプレゼンテーションのためのビジュアルツールとしてポスターを作成するというもの。
Ⅲ　ポスターには、ホテル名、ホテルロゴマーク、ホテル外観、特別企画を入れ、プレゼンの際は部屋料金、平均稼働率、年間収入予想とその根拠、独特のサービスなどを入れて発表するよう指示する。ホテルに関する質問は各グループ3つまでと制限し、後は自分たちの想像力を膨らませポスターを作成してもらう。
Ⅳ　各グループは社長を中心に役割分担を決め、戦略を練り、ポスター製作を開始。これは、特にマーケティングの経験がなくても誰でも参加できます。調理人や、ハウスキーパーという門外部署のスタッフでも楽しくポスター作りに参加してくれるはず。
Ⅴ　完成したら、グループ毎順番に、メンバー全員前に出て、ポスターを掲示しながらプレゼン開始。
Ⅵ　審査に当たるリーダーは、各グループの奇抜なアイディアは褒め、経営上の重要事項の見落としは指摘。ただし、グループの能力レベルを配慮し指摘することが重要なポイント。
　このゲームを通して、メンバーはマーケティングの考え方のほか、共同作業における相互協力の重要性、役割分担での責任の重さ、競争に対する認識、差別化の必要性、売上げとコストなどの問題を、身をもって学ぶことができます。

普段、バラバラの職場にいる人たちが一堂に介し共同作業をすることは、チームの結束力を高める派生効果もありますので、ぜひ実行してみてください。

この訓練は必ずしも自社の事業を課題として取り上げる必要はありませんが、ゲームのインストラクターはその業種について、ある程度専門的な知識を有することが条件となります。

（９）リスクマネジメント

サービス業におけるリスクは多岐に渡ります。火事や盗難、食中毒や伝染病、労災やセクハラ、取引先破綻や損害賠償、こういったリスクを全てマネジメント（経営）は受けて立たなければなりません。そのため常に従業員に対して、緊急時における自立訓練をさせておく必要があります。基本的なところでは、消防の室内消火栓操法訓練も必要です。

次に誰でも参加でき、本で紹介されている教育ゲーム「漂流ゲーム」をやってみましょう。

ある客船が嵐に巻き込まれ火災を起こし、乗っていた乗客は救命ボートに乗り移ったところ、丁度居合わせたのが、ゲーム参加者の皆さんと想定する。各チーム5人程度で、救命ボートにあった10品目で、一体何が一番重要か、という順位付けをするゲームです。

・ゲームのポイントは、本当に遭難したことを想定しないと、品目に順番が付けられないこと。

・遭難したときの状況、翌日の状況、とそれぞれ助かる条件を時系列的に考えないと答えに辿り着けない。

・また、多数決で決めようとすると正しい答えが導き出されません。少数意見に貴重な答えが隠れていることがある。

・遭難したときの鉄則は、場所を移動しないことが大きな鍵。

このゲームを通して、職場の仲間が見直されることがあります。いつもおとなしい口数の少ない人が突然チームを救うような意見を出したり、女性がいい意見を出したりします。

また趣味で登山をするような人は頼りになります。

ポイントは、危機に直面したとき、直ちにリーダーを決め、メンバー全員を統率する訓練をさせることです。リーダーは日ごろの職場の長とは限りません。

リーダーにはメンバー全員の意見を良く聞くよう指示します。一人の回答がグループの意見と分かれていれば、メンバー同士で相談したかを確かめます。そして、なぜその意見をグループの意見として採用しなかったか、無視した理由を答えてもらいます。

・声の大きい人、役職の高い人の意見を優先せず、一人の意見でも尊重する。

・全員生還のために、誰も気付かなかった最も重要な意見を見つけ出すことを学ぶことが出来る。

こうした危機管理について従業員に疑似体験をしてもらい、命を救うための行動と考え方を学んでもらいます。緊急時の避難訓練など、身体で覚えることも無論重要です。一方、自分一人で判断しなければならない立場に置かれた場合、周囲の人を救う知恵をこうした訓練で養うことができます。このゲームは、会社の有事の際、誰が一番頼りになるリーダーか、確認できる効果もあります。

サービス業では、現場で仕事を覚えることも重要ですが、まず人について興味を抱くことの方が、より重要だと認識して頂きたいと思います。

ここでは、人の「心や気持ち」をどう把握できるかという訓練を最優先の課題と考え、挨拶の仕方や、プロトコール（礼儀作法）については省きました。

こうした訓練を重ね実施することによって、顧客の目からみてもこの施設は「おもてなしの心」があると、確信してもらえると思います。「ホスピタリティー」の精神が全従業員に行き渡り、やがて「感動を与えるサービス」や「伝説的なサービス」が誕生することを期待しています。

サービス業界にいる多くの人々が、サービスを提供する側の論理でものを考えがちですが、こうした訓練によって、相手（顧客）の考えていることを知る努力の大切さに気付いていただけると思います。

第5章　マーケティングとホスピタリティー

1. マーケティングの必要性

サービス産業事業をマネジメント（経営）していく上で、オペレーション（現場を運営）にはホスピタリティーが必要条件だと前述しました。マネジメントには、もう一つマーケティングという強力な武器があります。ホスピタリティーにマーケティングを加えると、強力な事業運営が可能になります。この二つの条件がそろえば、丁度車の両輪のようにマネジメントを土台から支えることになるのです。

①マーケティングとホスピタリティーは経営の両車輪

バブル後の長い不況で、日本の企業の7割強、ホテル・旅館の8割強が赤字だとされています。今後負け組に入るか勝ち組に入るか、自分の裁量で自由に選択できるわけがなく、否応なしにいずれかの組に入ってしまうのが現実です。もし運悪く負け組に入ってしまう企業であったとしても、そこからの脱出は可能です。つまり、〝負け組脱出作戦〟はあるということです。これは人件費の削減や設備投資の凍結、原価の削減や管理費の削減など財務の建て直しには、もう万策尽きたと思っている企業の方が導入しやすいと思います。その理由を、ホテルを例に述べてみましょう。

ホテルの総支配人が〝負け組脱出作戦〟を採用しようとすると、ホテル経営関係者（オーナー・財務担当役員・融資先の金融機関など）から効果が薄い、あくまでも「経費の削減」を最優先すべきだと主張されるはずです。しかし、〝負け組脱出作戦〟はホテルの総支配人が先頭に立って確実に実行しなければ効果が上がりません。経営者側は総支配人にすべて任せることから作戦は始まります。従って万策尽きたホテルが、この作戦をやる方が成功する確率が高いということです。

②マーケティングの捉え方

マーケティングの理論や学説を語れる人はいても、使いこなせる人は大変少ないのが現実です。使えるマーケティングを勉強しようと、市場に出回っている分厚い本を紐解いても、簡単には理解しにくく、実際こうした分厚い専門書のその、膨大な内容にまずうんざりします。しかし、負け組みから脱出するためには、マーケティング戦略は欠かせないのです。

そこで、私流の簡易マーケティング論を皆さんにご紹介しようと思います。例によってホテル事例を紹介させていただきます。他業種の方はあなたの業種に置き換えてお読みください。

マーケティングを、即自分のホテルに導入できる方法があります。ホテルの総支配人はぜひ試してください。無論ここで理論や学説の説明をするつもりはありません。専門書にはない、実践として使えるマーケティングだからです。ここでは難解な用語が苦手な人のために、難しい専門用語は一切抜きにして、ホテルの現場経験者なら誰でも理解できるホテルマーケティングをご紹介します。

マーケティングとは、そもそもモノ（無形・有形）を売るための方法、つまり売るための戦略そのものです。モノを売るためにはマーケット（市場）を動かす必要があります。元々マーケティングの観念的な意味は『マーケット（市場）を動かす』です。つまり、M

ARKETINGはMARKET（市場）＋ING で（進行形）と憶えておいて下さい。これだけでは戦略として使えませんが、マーケティングはあまりにも多面的で複合的な見方や考え方があって、混乱してしまう人がいるので、ここではMARKETING＝MARKET（市場）＋ING で（進行形）つまりマーケティングはマーケット（市場）を動かすとだけ頭の中に入れておいてください。マーケティングは学問ではなく、実践の中のオペレーション活動のひとつとして考えればよいのです。

③マーケットを動かす手法

マーケットを動かすには、魅力ある商品を用意する必要があります。魅力ある商品というと、地方のホテルでよく聞く話は「田舎だから、ろくなスタッフしか集まらない」「都会のようにしゃれたサービスができない」といった愚痴です。また、ホテルを本業としない企業の責任者がよく口にする台詞に「ホテルは素人だから」「社員でホテルの解る者が誰もいない」といった文句です。こういった愚痴や文句は、商品に魅力がないと宣伝しているようなもので、マーケティング活動を阻害しています。企業の責任者自ら、ホテルに商品価値がないようなことを発言しては、いつまで経ってもマーケットを動かすことはできません。

また、全てを景気のせいにする人もいます。景気という言葉の本来の意味は、「お金が世の中に流通する様子」のことだそうです。お金が動かないと不景気といい、お金が良く動くと景気がよい、と無意識に言っていることになります。つまり、今不景気であっても、お金を動かすような魅力ある商品を用意すれば、景気を良くすることが可能だということです。

それではここで、どのホテルでも導入できる実践的マーケティングの4つの要素をご紹介します。数あるホテルの中から自分のホテルを選んでもらうには、次の4つのマーケティング活動が不可欠です。

第1の要素　まずホテルを「知ってもらう」こと

知ってもらう方法にはいくつかの手法があります。

①こちらから知らせる方法を実行（広報や広告の活用）
②知ってもらうよう仕掛ける（地元へのアプローチ、インターネット等の活用など）
③口コミ（口コミの材料の提供）
④知らせる先を絞り込む

第２の要素　商品を売る
商品を売る（営業）方法は次の通りです。
①販売促進（売り易い商品作り）
②営業活動（セールス活動）
③販売市場を絞り込む（販売先の的を決める）
④競争力ある商品と価格の設定

第３の要素　利用者に満足してもらう
ホテルオペレーションに満足してもらうには次の要素が必要です。

①基本的なサービスの提供
②気配り、心配りなど気の利いたサービスの提供
③感動を与えるサービスの提供
④価値ある商品の提供（価格と商品内容）
⑤顧客の意見を良く聞く

第4の要素　リピーターを確保する
顧客管理を徹底します。
①顧客への情報提供
②リピーターであることを顧客が認識しているか
③リピーターの差別化の徹底

以上の要素1～4の各要件と付帯事項が自分のホテルに存在しているか、さらに1～4の要素が循環して（切れ目なく）実行されているか、総支配人は点検する必要があります。

その上で、１～４の各要件と付帯事項が、ホテル側から見て充分なされているか、お客様側から見てどうかの両面確認を行ってみてください。実情を確認する際に妥協は禁物で、実行されているものは、具体的にまたは数値的に事実関係の裏づけを確認してみることが重要です。実行されてないものは、原因を徹底的に究明してください。ここで手を抜くとホテルが黒字化される可能性は殆どなくなってしまいます。

○見直し・計画

点検・確認の結果うまく行っているものはそのまま継続させ、問題があるものは改善して、実行計画を要素１～４の各要件と付帯事項ごとに改めて作成します。計画はホテルの各部門に作成させてもいいのですが、総支配人は自ら実行計画に目を通し、自らの意見も導入することが肝要です。ここでは、客観的に問題ある商品（サービスを含むホテルで扱う全ての商品）の排除と改善を怠らないよう注意してください。また、要素１の①の告知や要素２の①②の販売は、的を絞ってターゲットに向けて行われているか、徹底的にチェックし計画化してください。

○魅力ある商品

こうしてマーケティング活動の見直しと計画を立てていけば、自然に魅力ある商品が浮かび上がってきます。市場を動かすマーケティングはまさに循環活動です。第1要素＝知らされ、第2要素＝販売され、第3要素＝利用者に満足してもらい、第4要素＝また使っていただく、を繰り返していくうちに、魅力ある商品が現れてくるはずです。

○実行→修正→実行

計画が完成したら直ちに実行に移してください。途中顧客の意見や現場の意見で修正が必要と判断した場合は、修正を加え実行します。そして、1～4の各要素を繰り返し実行していく内に市場が動き出し、魅力ある商品が売れ出します。これを繰り返すことによって顧客は必ず増えていきます。

○黒字化の糸口を見つける

顧客が増えれば売上げは上昇し、黒字に一歩近づきます。財務改善を怠らず、赤字解消に努めましょう。財務改善に当たって注意することは、マーケティング活動の阻害にならないよう、その活動費用は予算化し有効に使用できる配慮が必要です。財務改善だけに頼って黒字化を目指すホテルは非常に危険なので、マーケティング戦略を加味しながら顧客を増やし、売上げ上昇を目指します。そして赤字を徐々に減少させながら、黒字化の糸口を見つけてください。ただ人件費を圧縮することでサービスが低下しないよう、ホスピタリティー教育の手を抜かないことにも注意を払う必要があります。

④絶対に諦めない

バブル崩壊後の不景気時代に、ある神奈川県下のデパートが、何十カ月も連続で売上増を更新し続けていた話を紹介しましょう。私は、このデパートのことをテレビのドキュメンタリー番組で知り、感心しました。このデパートの「いったん決めた方針は自信を持って、徹底して実行する」といった意気込みを、上司から従業員全員が現場でみせている姿に感動さえをおぼえました。

デパートは地下から屋上まで種々様々な売り場があります。百貨の商品を扱うと言われるだけあって、客層はかなり幅広いはずです。ところが、このデパートでは、焦点を子供に絞ったのです。店内は親子連れが、買い物がしやすいようあらゆる工夫がなされていました。例えば、店内を子供が歩き回っても危険なディスプレーはないか、商品で溢れる売り場でもベビーバギーは安全に通れるか、段差はないか、また子供が楽しめるイベント、授乳室や託児所、トイレにオムツ交換スペースなど、充分な配慮をしていました。さらに働いているスタッフもプロに徹底していました。例えば子供服のデザインはパリコレどころではありません。徹底的に子供服の流行や機能を研究し、大人の服に負けない価格で販売しているのです。当然子供服のファッションショーも本格的に行っています。また、子供連れの年輩者への配慮も忘れていません。特にお孫さん連れの祖父母たちは高額消費者として大のお得意さまです。デパートスタッフの高齢者への気配りは、徹底したものがありました。その丁寧な対応は推して知るべしです。このデパートのスタッフは、子供というターゲットに焦点を絞り、すべての従業員がベクトルを一つにし大きなパワーを発揮しているのです。デパート全体が子供や親子連れに好かれるデパートづくりに日夜励んでいたのです。その結果、何十カ月も売り上げを更新させたということです。

売り上げを上げるためには、他社とは差別化されたより良い商品を用意する必要があります。しかし、それだけでは売り上げを毎月更新することはできません。恐らくここで販売されている大方の商品は、周辺の競合デパートでも売られている商品とそう変わりはなかったように思われます。しかし、このデパートのスタッフは、自分たちの販売する商品は、競合デパートに勝るとも劣らない魅力的な商品だと、自信を持っていました。さらに子供をターゲットに設定し、子供攻略作戦をかためたマーケティングとホスピタリティーの両車輪を発揮して、デパート全体が同じ目標に向かって前進したのです。そして見事不況に打ち勝つ成果を挙げたのです。大手百貨店やスーパーが再建で躍起になっている中、こうして着実に実績を伸ばしている実例があるのです。

絶対に諦めてはダメだということです。道は必ず開けるものです。

2. 女性をターゲットにしたマーケティング

サービス業は女性に嫌われてはやっていけません。いやむしろ女性に好かれなければサービス業は発展しないと言っても過言ではありません。これはサービス産業全体に言えることです。

①女性は決して弱くない

女性は古来から、人間文化そのものに大きく関与してきました。服装、化粧、髪型、装身具、食事、健康、マナー、教養、芸術と女性は独自の文化をもち、歴史的にも経済的にも世界を震撼させる影響力を有してきたのです。

16世紀のドイツの宗教改革者ルターは「酒は強い。王はさらに強い。女はより強い」「女性は世間で思われているほど弱くない。それどころか、この世の中で最も強いのが女性だ」と言わしめました。サービス業のみならず全ての産業にとって、女性の影響力は何者にも増して、強いものだと私たちは認識すべきです。

それではここで、ホテルを例にとって女性の話をいたします。

②セザール・リッツは女性の重要性に気付いていた

ホテルは、宿泊や食事を楽しむ場であると同時に、社交の場でもあります。人と人が集う場に、女性が登場するのには特別な意味があります。女性が社交場に姿を現すのは、男性の添え物として場を華やかにする演出効果がある脇役だからと考えがちですが、それは間違いです。女性は社交場の主役であり、その姿は人に見せるため、注目させるためのものなのです。女性はこうした場に姿を現すための事前準備を怠りません。あらゆる情報をかき集め、自分が一番美しく映るよう服装や髪型、化粧、装身具を慎重に考えます。こうした女性の真剣な思い入れや競争心によってファッションは生まれました。そしてあらゆる服飾技術が登場し、女性に関わる産業が育った事実を、私たちは再認識しておく必要があります。

1891年、セザール・リッツはロンドンにある倒産寸前の「サヴォイ・ホテル」の再建に、料理の名手エスコフェと共に乗り込みました。そして見事に「サヴォイ」を超一流ホテルに変身させ、後にはパリやロンドンで、その名を後世まで残す名門ホテル「ザ・リッツ」を設立しました。この偉業を成し遂げたリッツは実は女性の重要性に早々と気付いていたのです。

この時代は、宗教上の理由で日曜日のホテル営業はご法度でした。リッツはホテルの顧客のコネを使って、役所や関係機関に働きかけ、劇場がはねた後、日曜日でもホテルで食事が出来るよう営業許可を得ることに成功しました。リッツの努力は、何とそれまで認められていなかった女性の外出を可能にさせたのです。また、このことは「ザ・リッツ」の繁盛にも大きく貢献しました。同時に当時の人々のライフスタイルに、大きな影響を与えることにもなりました。以降ホテルは歴史的にも社会と大きな関わりを持つようになり、同時に女性にとってもホテルは重要な役割を持つようになったのです。

③財布の紐は女性が握っている

バブル崩壊前までは、日本のホテルは法人や団体の利用客が多く、ごく一部の個人客の利用に留まっていました。それほど女性を意識しないでも何とかやって来られたのです。しかし、今や女性に嫌われるホテル、いや産業は成立しないと肝に銘じておく必要があります。日本では、個人の金融資産が１４００兆円あると言われていますが、この財布を握っているのは女性です。消費金額の増減に大きく影響を与えるのは、女性であることを実感しておかなければならないのです。

それでは財布の紐をもつ女性に好かれるために、何をすべきなのでしょうか。ホテルを支えているのは、ハードとソフトとヒューマンウェア（ホテルで働く人々）です。女性が好むハード（建物、施設）やソフト（オペレーション）は、ゴージャスなロビー、上品なインテリアを施した客室、おしゃれで清潔なバスルームとセンスの良いアメニティ、エステやアスレティック、サウナやプール等の付帯設備、館内の香りや生花の装飾、高級感溢れるレストラン、リーズナブルかつ価値ある本物のおいしい料理やワイン、洗練され機能的なシステム、スマートな接客、高品位なサービス、優れた技術、的確な情報の提供と、枚挙にいとまがありません。それでは、ヒューマンウェアにおける女性攻略は一体どうすれば良いのでしょうか？

ホテルはホストクラブではないので、かしずいたり、媚びて1本10万円のドン・ペリニオンを売れば成功というものでもありません。しかし、何らかの方法で女性を惹きつけなくてはなりません。なにしろ女性は、価値と魅力を感じれば高額商品でも買ってくれます。ホテルの場合は、ハード、ソフトに加え、働いている従業員、つまりヒューマンウェアの価値と魅力が重要になるのです。

④女性にとって魅力的な人

女性にとって魅力的なのは、自分の存在感を認め、自分に関心を示し、精神的な充足感と満足感を与えてくれるような人からサービスを受けることです。女性の気持ちを察し、ある時はスマートに、ある時は献身的に、ある時は距離を置いて、また、ある時は女王様のように仕えてもらえれば女性は最高の気分を味わうことができます。したがってホテルでもホテルマンは女性客に対しＴＰＯに応じた様々な接遇や会話が出来なくてはなりません。無論歴史や格式のあるホテルであれば慇懃な応対も時には必要ですし、カジュアルなホテルであれば気さくな応対も必要となります。つまり、ホテルマンは女性への「おもてなし」として、ホテルという舞台のあらゆる場面で、パフォーマンス（演技）を演じられなければ失格だということになります。

それではホテルが女性に対してのしっかりした対策を取っているかというと、残念ながら殆どのホテルが、昔からの経験則や、徒弟的な先輩ホテリエ（法人や団体の扱いに慣れた古いタイプのホテリエ）からの伝授だけで、女性の応対を済ましてしまっているのが現実です。

女性客は、男性にない大変デリケートな感覚をもっています。応対する場合女性の気持ちを正確に察知し、言わなくてはいけないこと、言ってはならないことを即座に判断し反応しなければなりません。また、女性は鋭い観察力を持っているということを肝に銘じ、サービスする側は言葉だけでなく身だしなみなど、外見にも十二分に配慮を払い、相手に敬意を払っていることを身体全体で表現する必要があります。手抜きをすると簡単に見抜かれるので、油断は禁物です。礼儀作法など初歩的訓練も必要ですが、以下のような方法で事例を多く収集し、女性客受け入れの対策を常にとっておくことが大切です。

○女性客からのGS（ゲストサゼッション）レターの徹底分析
○ホテル会議に女性スタッフを加える
○女性客とのコミュニケーションを密にし感想意見を聞きだす
○TV・新聞・雑誌などから女性に聞する情報収集
○女性モニター制度の導入
○五感（女性は五感が発達している）であらゆる施設をチェックする

⑤女性のニーズに応えたマネジメント

ＩＴ時代に入り、このところネット通販が驚異的な成長を遂げています。

例えば、女性をターゲットにしたあるシューズ製造販売業者は、女性モニターに製品チェックを依頼したところ、デザイン、品質、値段、履き心地についてさんざんに酷評されました。それを受けて何度も製品改良し、苦心惨憺の末、ようやく売れる通販商品を発売することができたのです。

女性は、ほんとうに細かい点に気づき、心地よさを追求するに当たっては妥協を許さないところがあります。ホテルを含めたサービス業は、こうした厳しい女性消費者のチェックを受け、女性のニーズに応えたサービスの提供が出来ることが必須条件です。当然、それに伴う社員教育も必要となります。サービス業は従来ハードの差別化に重点を置いてきました。しかし、これからは、きめ細かい相手のことを考えたサービス、人が人をもてなすヒューマンウェアを重視した差別化をはかる時代に入っていることを、マネジメントは忘れないでください。

女性客から絶対的な評価を得るためには、まず自社のサービス基準をマネジメントが決定し、そのコンセプトを具現化させることです。ここで注意することは、素人が思いつく程度の発想では、女性客を惹きつけることは困難だということです。経営者側の理論でなく、あくまでも女性客の立場に立ったサービスコンセプトの構築が必要になってきます。また具現化に当たって、いかなる部署であろうと、いかなる時間帯であろうと、サービス基準で決められた内容は徹底して実行することが大変重要になってきます。マネジメントは、サービスが部署やスタッフや時間によって出来たり出来なかったりするムラを、真剣にチェックし厳しく指導する必要があります。

女性客に対しての対応とサービスについては、まず現状どのように実施されているかのチェックから始めます。

まず電話応対であれば録音を録り、接客であれば録画を撮り、一つ一つ段階を追って指導し、職場の現状をスタッフ全員に認識させることからスタートします。次に反省会を開き、評価と改善点を検討し合います。さらに、女性客からのクレームや意見やインタビューで得た情報を分析し、改善点に加えます。改善点がはっきりした段階で、改善した様子を再び録音・録画を撮って、改善状況をチェックします。これを何回も繰り返します。正確に実行し効果を上げた部署やスタッフを最終段階で表彰して、全スタッフに紹介します。

このような方法でマネジメントはサービス現場全体が問題に取り組んでいることを確認

して、さらに新しい課題を部署やスタッフに与えます。女性客獲得のために、女性が期待する新たなサービスの提供を、マネジメントは常に心がけなければなりません。

女性客さえ味方につければ、男性客やその他の顧客は確実についてきます。ただし、このような人材育成に取り組んでも、その一方でマネジメントが、女性客の期待するサービス上の経費を、経費節減と称して勝手に省いてしまったのでは意味がありません。

例えばホテルの場合、客室のタオル枚数を減らしたり、2日目に歯ブラシを補充しなかったり、ルームサービスの汚れたメニューを新しくしなかったり、使い捨てのタオル地スリッパをビニールに代えたり、客室からバスローブをはずしたり、客室へのベルボーイの案内を止めてしまったり、ロビーの生花を造花に代えたり、清掃が出来ているのにアーリーチェックインをさせなかったり、といったことは女性客からホテルの魅力を奪っていることを意味します。こうした点に気付かないマネジメントは失格、サービスのプロは素人発想でサービス現場の運営をするのは禁物です。マネジメントが注意を怠ると、特にホテルのようなサービス業では女性客を失いやがて全ての顧客を失ってしまいかねないのです。

⑥レディーファースト

レディーファーストを辞書で引くと「女性を尊重して優先させる欧米風の習慣」などと書いてありますが、今やレディーファーストは欧米だけではなく、すでに日本でも目の当たりにする機会が増えてきたような気がします。これは海外旅行の影響で、日本人女性が欧米を旅して、この慣習に立ち会うチャンスが多くなったからでしょうか。

車を降りるとき、男性が先に車の外に出て女性側のドアを開ける、レストランに入れば男性が席までエスコートしてくれるので、女性は黙っていてもテーブルに着けます。またエレベーターを降りるとき、男性は女性が降りるまでドアを押さえ待っていてくれます。

海外でレディーファーストを体験した女性たちは帰国後、日本男性のマナーに接して「何だ、日本の男性は!」と批判的な眼で見るようになったのかもしれません。日本男性は昔と変わっていないのですが、女性の男性を見る視点が変わったので、この女性の厳しい視線を受けて、日本でも次第にレディーファーストが習慣化しつつあるように感じます。

私はこの現象を、女性尊重のためというより、男性が強いられてあえて女性を優先させているという、日本独自のレディーファーストであると思っています。

私見ですが、女性は国籍を問わず、本来大変強い人種なのではないかと思っています。身体つきは男性に比べ一見弱そうに見えますが、実は男性を簡単に服従させるような大きな力と影響力を持っていると思います。その強力な女性の力を表面化させないため男性が考えだした妙案が、レディーファーストなのではないでしょうか。女性を「弱者」として、子供やお年寄りと一緒に扱うことで、社会生活の中で女性は強さを表面に出すことを抑制します。女性は、いざというときには大変な力を発揮しますし、世界の歴代皇帝や権力者の後ろには、必ず強い女性の影が見え隠れしていました。また、どこの国でも女性が君臨すると、男性と比べものにならないほどの力や権力を握ります。身近なところでは、母親の強さは男親の比ではありません。やはり「弱者」として優先権を与えたほうが得策と、欧米の男性は早々と対策を立てたのだと、私は思っています。

いずれにせよ、ホテルに限らず日本の社会においても、いち早くレディーファーストを取り入れて習慣化しておかないと、世界の流れに取り残されてしまうでしょう。日本の男性には耳の痛い話かもしれませんが、まだまだ、レディーファーストのマナーに関しては日本人はスマートさに欠けていますので、子供のころから躾けておく必要があるかもしれません。私はロンドンのホテルのエレベーターホールで、小学生の男の子が大人のご婦人に向かって「アフターユー！　マーム（お先にどうぞ）」と言っている光景に遭遇したことがあります。英国では女性の扱い方を子供のころから躾けているのだな、と感心させられたのを覚えています。

女性が主役の世界では、レディーファーストを無視するわけにはいきません。サービス業界に席をおくすべての人は、心からのレディーファーストを発揮出来るよう努力してほしいと思います。なにしろ、女性は強い上に、財布もにぎっているのですから。

3. 市場競争に勝つ！

①喧嘩に勝つ

「何回言ったら分かるの？　今度ケンカして帰って来たら、もう家に入れませんからね！」

私たちは子供のころから、喧嘩はしてはいけないと教えられました。喧嘩は確かに良くないし、ましてや母親を悲しませるような喧嘩は言語道断です。私は母親の涙を見るたびに「もうケンカはしない」と反省しては、また性懲りもなく喧嘩をしていました。喧嘩に強いガキ大将たちは、喧嘩のプロで、必ず勝つ秘術をいくつかもっていました。自分より大きいヤツには、逃げ足の速いヤツには、背後に強い兄貴がいるヤツには、棒や石の武器を使うヤツには、とそれぞれ戦い方を変えていたような気がします。子供ながらに作戦を持って戦えた子が、ガキ大将として長く君臨していたと思います。

子供の喧嘩と大人の世界の競争は、全く次元の違う話ですが、成長した大人は、腕力だけでは勝てません。ビジネスの世界の大人同士の競争は、親に叱られて止める喧嘩と違い避けて通れない、絶対に負けられない喧嘩です。

大人の世界での競争にも、要領のいいガキ大将が使った作戦があります。大人の競争には科学的な根拠に基づく戦い方があり、それを戦略と呼んでいます。

私たちは、こうした経済社会での競争が、実は全て本物の戦争に大きく関わっていることに驚かされます。人々の生活防衛のため、支配欲のため、宗教のため、民族のため、領土のため、正義のため、征服欲のため、復讐のため、恨みのため、と言い、昔から多くの民族や国がそのもてる多くのエネルギーを注ぎ戦ってきました。こうした戦いのため、人間は様々な知恵と工夫を凝らして〝勝つため〟に、しのぎを削ってきたのです。この人類が昔から繰り返し戦ってきた戦争の副産物が、現在人間社会のあらゆる分野に大きな影響を及ぼしているのです。

戦争の副産物は経済社会は無論、産業界や科学技術分野にも大きな影響を及ぼしました。統計技術、情報技術、組織管理技術、教育訓練技術、通信技術、航空技術、海洋技術、宇宙科学技術、人間工学、ロボット工学、情報工学、行動工学、経済学、経営学、数学、化学、物理学、社会学、心理学、医学、生理学、こうした分野の多くのものは戦争に勝つために、研究され開発されました。

②勝利までの道のり

本物の戦争は、理由の如何を問わず絶対に避けなければいけません。しかし人間社会での戦争、つまり市場経済下での戦争は避けて通れません。

戦いは〝勝つため〟にやる。そこで〝勝つため〟には特別な訓練や技術、知識、情報、装備に加え、優秀な指揮官が必要です。〝勝つため〟にはこれらを有効に活用し、勝利（最終目的）までの道のり（行程）を具体化する。この行程こそが〝勝つための〟戦略なのです。

それでは市場競争で戦うためには何をすべきなのでしょうか。まず手始めに、

- 自分たちのマーケットを知っているか？
- マーケット攻略のための情報が入っているか？
- リーダーが不在ではないか？　部下はバラバラになっていないか？
- リーダーは部下を訓練し、充分な技術や知識を身につけさせているか？

●どんなマーケット攻略作戦においても、顧客をないがしろにしていないか？
●顧客のために競合他社より優れたものを提供できるようにしているか？
●戦うための装備（ツール・設備・予算など）は準備されているか？
●自分達の戦略を充分理解させ、実行可能な状態にしているか？

こうして、自分のところはどうなっているか、改めてチェックしてみる必要があります。敵と戦う基本は、まず己を知り次に敵を知ることです。強靭なリーダー（指揮官）を配置し、味方の訓練（教育）から始める必要があります。そしてマーケット攻略のための情報を収集し戦略を組み立てます。その中身は「顧客へのもてなし」が充分配慮されていなければなりません。また、戦うための武器や装備としてツールや設備が必要となります。戦いのための態勢が充分であるかどうか？　自分のホテルの点検を行うことから始めてください。

③マーケティング戦略の立て方

戦略は、勝利（目標達成）までの道しるべ（行程）をいいます。敵をどのように追い詰め、味方がどのように敵の陣地に侵入するかといった戦略作りと、目標達成のための方針作りは同意語です。

昔から軍隊がとる基本的な作戦の一つに、まず後方から敵地に大砲を打ち込み（今では戦闘機による空爆やミサイル攻撃でしょうが）敵に相当なダメージ与え反撃を封じ込めてから、味方は戦車を先頭に歩兵を率いて敵地に乗り込み敵陣地を占領する、というものです。企業の販売戦略もこれに大変よく似ています。

一般的にはマーケティング技法を駆使し、自社のマーケット・シェアを拡大させることが、敵の陣地を占領したことになります。

まず、目標のマーケット（敵陣地）に広告（空爆）をかけます。次に、営業部隊（歩兵）が販売促進〈商品を売りやすくするために、パッケージ化や企画化する〉（戦車）を抱えてマーケット（敵陣地）に乗り込みます。広告で購買意欲を注がれた顧客は、販売促進の効果もあって営業の売込みに反応を示します。

こうして顧客が物を買ったり施設を利用し始めます。そこでオペレーション部隊がホスピタリティー・マインドを発揮し顧客を満足させ、一度利用した顧客がまた利用するようなシステム作りをします。つまり徹底した顧客管理でリピーターを増強し、市場競争に勝つ。これがサービス産業における企業の市場競争下で〝勝つための〟戦略なのです。

サービス業にとって、戦いに〝勝つための〟戦略の一つが、このマーケティングなのです。しかしマーケティングが重要な〝勝つための〟要素だとは分かっていても、その前にサービス業として敵と戦う態勢が取れているかが、実は問題なのです。

④部下の訓練

〝勝つための〟の部下の訓練の第一は、

①部下に己を知らせ、次に敵を知らせることです。

②部下が敵を知ったら、この敵を攻略するために何が必要か考えさせ、気付かせ、議論させ具体的行動計画を作成させます。

③次に、部下全員の行動計画を総合調整し全体計画を策定します。

④リーダーはこの総合計画と戦略を結びつけ、関連部門全体の行動計画と一体化させるのです。

部下から出てくる攻略法は、必ずしも優れた企画やセールス手法ではないかもしれません。ホテルを例に取ると、現場の具体的なサービス、メニュー、価格、システム、要員、スキル、モチベーション、ハードなどの見直しや改善策といったものも多いはずです。

例えば「うちのレストランの味はまずい」「バスルームが老朽化してあぶない」「朝食時の人手が少なくお客様から苦情が出ている」「客室の冷房の利きが悪い」など費用のかかるものが多く、すぐには対応が難しいものもあります。しかし費用がかかりすぎると勝手に判断して、削除したり無視するのは危険。なぜなら部下は本当にそれが原因で顧客が増えないと思っているからです。部下から出た問題点に、リーダーは自分で直接確認しなければなりません。その意見が事実であれば、リーダーは自分の問題として自ら解決するか、あるいは上層部に訴えるべきです。そして、その経緯をきちんと部下に説明し、リーダー自身がその問題に関心を持っていることを明確に伝えることが大切です。部下の訴えを他人事のように無視するリーダーでは、戦いに勝つことは出来ません。

⑤マネジメントの決意

部下の訓練と扱い方を理解できても、マネジメント同士が内部分裂したり、意見が統一されてなければ、激しい戦いに勝つことは出来ません。総論賛成、各論反対のような状況が社内に充満しているというのは、よくある話です。

①空爆（広報・広告）のための実弾（予算）は用意しているか？
②歩兵（営業）だけで戦え！と武器や後方支援なしで指示を出していないか？
③戦略を無視して、複数のリーダーが勝手に命令（指示）を出していないか？

④リーダーは戦略（方針）を途中で変えるような発言をしていないか？
⑤リーダーは戦局（営業実績）を分析し、適切な指示を適宜出しているか？

こうした問題をクリアしなければ部隊（部下）は戦いに勝つことが出来ません。このことをマネジメントは肝に銘じておく必要があります。

戦いに勝つために、人類はあらゆる工夫や知恵を出してきました。私たちは人類が蓄積した資産を有効に活用し、敵からの侵入を防ぎ、敵地に乗り込み勝利しなければなりません。市場経済社会での戦いは永久に避けて通れません。敗者より勝者を選ぶなら〝勝つための〟努力を惜しんではならないのです。

⑥時の流れを読む戦略

ホスピタリティー産業は、今こそ、時代の流れに合わせなければなりません。そして、変化に充分対応し得る強靭な体質づくりと、本当の意味での「人々に喜びと満足を与える」

事業集団を目指さなくては、激しい市場経済社会からはじき出されてしまいます。

サービス産業で頑張ってきた方は、「顧客のために」と一生懸命努力をしてきたと胸を張りたい気持ちで一杯かもしれませんが、それだけでは時代に取り残されてしまいます。

これからの時代は、今まで以上に厳しく投資回収を要求され、利益確保を確実に実現させなくてはならないからです。またこれと同時に、サービスの価値がハード重視ではなく人が人をもてなす結果として「人々に喜びと満足を与える」ことを実現させなくてはならないからです。だからこそ、既存の施設であれば、現在の運営手法を抜本的に改善する必要が出てくるのです。新規に施設を開設するのであれば、適切な投資の決定と、より安定した投資回収計画、それに全く新しい運営手法で経営体力を維持できる事業を目指すことが重要視されます。これからは、事業の当事者たちは、時代の流れに合った戦略を持たなくてはなりません。

現在、ホスピタリティー業界を取り巻く環境は、価格競争、顧客の減少、人件費率の高騰、高い原価率、人材不足、施設の老朽化、リーダー不足、新商品や企画不足、キャッシュフローの悪化など多くの問題を抱えています。こうした現実的な問題を解決するために、時流に合った新しい戦略が必要なのです。それにはマネジメントに携わる人々の考え方を、まず根本的に変えなくてはなりません。またリーダーを中心にした強力な戦略実行チームを形成する必要があります。その上で、機能重視された管理運営を組織全体で一丸となって実践するのです。

マネジメント・コンセプトのテーマは時代に合わせた新しい戦略です。この戦略を総力を上げベクトルを集中させ確実に実行できれば、成功する確率は高くなります。

ホテル事業の場合は、具体的な販売単価と稼働率、売上と諸費用、そして利益を含む計数目標を明確にすることです。そしてその目標に向かって進む航路は、経営や運営方針でありオペレーション戦略を意味します。航海の途中に遭遇する台風や危険な岩礁、強い潮の流れや厳しい暑さ寒さを予測しておかないと、船は難破してしまいます。難破しないために、船には優秀な船長が必要です。船長はクルーを充分訓練し、掌握し、立派な水夫に育てる義務があります。強いリーダーシップを発揮し、船を安全に目的地まで進ませるのが船長の大事な役割です。船長の役割は、ホテルの総支配人に当たると言えます。総支配人の采配はホテルの戦略や運営に大きな影響を与えます。リーダーは必要な戦略を検討し決定し、実行のためにスタッフをトレーニングし、目標に向かって前進しなければなりません。現在、多くの企業が事業運営に自信を失い、運営の外部委託や、事業の売却を考えている状況ですが、もう一度自社の事業戦略を見直ししても、遅くないと思います。

4. 夢を与えるホスピタリティー

①ホスピタリティー産業の人気

ホスピタリティー産業界での活躍を目指し、ホテルなどホスピタリティー産業界に従事する人が増えています。国勢調査によると、終戦直後の1947年には、ホスピタリティー産業を含むサービス産業の第三次産業に従事する人の割合は、全産業の23％であったそうです。そして53年後の2000年は65％と3倍にも膨れ上がりました。日本の産業構造は、経済成長と共に第三次産業の従事者が増え続け、経済のソフト化、サービス化が進みました。経済のソフト化、サービス化とは、産業構造の変化に伴い、経済の比重がモノ中心からソフトやサービス中心へと変化したことを意味します。モノ中心のハード社会では、いかに決められたまま正確にモノを作るかが重要視されましたが、ソフト化社会ではそんなことは当たり前で、さらにモノに個性を出すデザインや色、つまりセンスの良さが重要視されてきました。こうしたソフト化、サービス化が進んだ背景には次のような事例が挙げられます。

●国民の生活水準の向上に伴い、モノがほぼ充足されたことでモノ離れ現象が起き、他人とは一味違ったものを求める「ぜいたく志向」が強まり、人々のニーズが多様化した。

●日本人の消費傾向は、夫婦共働きで独自の収入を得るようになり、各々好みの物を選ぶ個性化の方向へと変化した。

●やがて、人々の購買志向は二極分化され、ブランド品のような高額商品が売れる一方、安くて良質な商品がよく売れようになった。

●女性の社会進出は、外食の機会を増やし、家事労働代行サービスのような需要が高まった。

●核家族化、少子化、高年齢化社会は生活、教育、福祉などの社会環境や暮らしに変化をもたらした。
●余暇時間の増大や都市化の拡大によって生活様式が変わり、生活の質的な向上や心の豊かさを求める傾向がますます強くなった。

このように第三次産業に従事する人の割合は、これからもさらに伸びるはずです。

②人に夢を与える

ホスピタリティー産業における、ホテルマンの人口も経済成長の伸びと共に増加しました。しかし、若いホテルマンたちは「ソフト化、サービス化か進んだ背景」を本当に理解し、そのプロフェッショナルとなっているとはいえません。

ここに、現代社会における標準的なご夫婦の話を例に検証してみます。

日ごろ仕事で多忙なご主人が、珍しく休暇が取れることになりました。子供たちも巣立ち二人だけになったこのご夫妻は、これを機に久し振りに旅行することを決めました。このとき奥様は、自分で働いて買った洋服やバック、アクセサリーのことがすぐ頭に浮かびました。そして、ホテルではいったい何を着たら良いのか、滞在の日程にあわせて持って行くものを、あれこれ考え始めたのです。考えているうちに、夕食のときのドレスも、『ホテルの格式に合わせないといけないかしら』と、まだホテルも決まってないうちから悩み始めました。奥様は様々なホテルライフのシーンを空想し、ああでもない、こうでもないと、色々と思いを巡らす日を何日か過ごしました。最初は呆れて見ていたご主人も、これは妻が〝はしゃいでいる〟のだと気付き、今度の旅行はどんなことがあっても実現しなければと決意を新たにしたのでした。

ここまでは、ご主人から旅行の話を聞かされた奥様は、ホテルに泊まる前から、その思考回路はすっかりホテル・モードに切り替わり、子供のように〝はしゃいでいる〟話です。それは、やっと取れたご主人の休暇に素敵なホテルに泊まるという、夢が実現する前の喜びです。つまり人が楽しい旅をしたりホテルに泊まるということは、それが実現する前から既に始まっているということです。

・ホテルマンは、お客様がホテルに到着してからサービスを開始すればよいと考えていないでしょうか？　お客さまの旅は出発前から始まっていると想像したことがあるでしょうか？

楽しみにしていた旅行の当日がやってきました。そして、ご主人と奥様は夢膨らませてホテルに到着しました。ご主人は比較的落ち着いていますが、奥様の方は、表面上は平静を装っているものの、内心は期待と緊張で胸が高鳴っていました。ホテルに到着する前から、奥様の興奮状態は表情にも会話にも出ていたので、ご主人はあえて落ち着こうとしていました。

・さて、そんなお二人の心境を察してホテルマンは手厚くお客様をお迎えしているでしょうか？　ホテルという舞台に立った俳優のように楽しみや喜びを与える演技を忘れていないでしょうか？

そして、客室に案内されご主人と二人きりになった奥様は、堰を切ったようにご主人に話し始めました。「素敵なホテルに泊めてくださってありがとう」「お部屋が広くて嬉しいわ」「窓からの景色も素敵よ」「ベッドに可愛いチョコレートと花が置いてあるわ」「バスルームにはシャワーブースが付いているわ」「バスアメニティーが可愛いわ」と〝はしゃいでいます〟。ご主人はこんな奥様を見て、無理して休暇を取ってよかったと、ここで満足感を味わっています。

・ホテルマンは、客室で奥様がこんな風に喜ぶ様子を想像しているでしょうか？　事前の情報でお客様に感動を与える準備を怠ってなかったでしょうか？

このストーリーはこの後も続きますが、一度整理してみます。

ホテルは生活文化の延長線上にあります。生活文化とは、人々が朝起きてシャワーを浴び、朝食をとり、部屋で新聞やＴＶを見、寛ぎ、夕方になると一杯飲み、夕食をとり、風呂に入って、寝るといった家庭での生活行為のことです。しかし、ホテルは家庭とは違います。高いお金を払ってお客様にご利用いただくわけですから、家庭生活の延長線上にあろうとも家庭とは一味違った満足感を与える必要があります。

この家庭とは一味違った満足感の一つが「感動」です。「感動」を与えるということは即ち、「夢」を与えることです。ホテルに泊まる前から泊まることを楽しみにして、あれこれ思い描いていた奥様の夢を実現させるのは、ホテルの施設（ハード）だけではありません。世の中はすでに、モノ中心からソフトやサービス中心へと変化しています。ソフト中心の社会では、センスの良さが重要視されます。ホテルでこのソフトを提供するのが、実はホテルマンなのです。今のホテルマンには、現代のセンスに合わせた高いレベルのセンスが要求されます。それを実現するためには、ホスピタリティーが重要な役割を果たします。

③感動を与える

ご主人の休暇が取れるという話の段階で、あれこれと想像を巡らし〝はしゃぐ〟奥様の気持ちを、どれくらいの人が理解できるでしょうか。ホスピタリティー産業に従事している人であれば、ホテルマンでなくとも、予定が立った段階での顧客の気持ち（人の心や気持ち）を分って欲しいと思います。

人は、美しい景色や自然、素晴らしい建物やおいしい料理には確かに感動しますが、こうした感動も、実は感じている人自身の心や気持ちの状態で、大きく違ってきます。気分がすぐれなかったり、人と喧嘩をしていたり、孤独で淋しければ、他の人が感動するような光景を、なんとも感じない経験は誰にでもあると思います。これは偏屈な性格だからではありません。人は心や気持ちの影響を、知らず知らずのうちに受けているものなのです。

このストーリーに登場する奥様の心や気持ちを、ホテルマン（サービスに従事する全ての人）が少しでも察することができれば、予約を受ける段階から、顧客の心や気持ちに応えてあげられるはずです。だからこそ、事務的な予約受付の応対は、禁物なのです。

例えば、顧客からホテルに予約確認の電話が入った場合、こんな言葉を添えたら、おそらくお客様の期待は膨らみます。

「伊藤様（予約時にお伺いした名前で呼ぶ）がお越しになる頃は、丁度ご朝食の時間に小鳥たちがテーブル近くまでやって来る季節です。ごゆっくりおくつろぎいただけると思います。伊藤様のお越しをＡＢＣホテル（具体的ホテル名を言う）一同お待ち申し上げております」

このような季節感あるセリフを添えられると、顧客は期待感が膨らみます。

また、到着の際も、

「伊藤様お待ち申し上げておりました。仙台からの（予約の際お伺いした住所で地名を確認しておく）ご旅行は如何でしたか？　お疲れでございましたでしょう。ロビーに冷たいお飲み物をご用意いたしております。どうぞそちらでしばらくお休み下さいませ。ご到着の手続き（「チェックイン」などのカタカナ語は若い人だけに使う）は、こちらで済ませてお持ちいたしますのでどうぞごゆっくりお休みくださいますよう」

といった親切なセリフであれば、顧客は感じの良いホテルだとホッとします。

部屋への案内の際も、

「本日は雲も少ないので、丁度5時半ごろからきれいな夕日をご覧になれると思います。

ご夕食のお時間と重なるようでしたら、レストランのテラス側のお席をご用意いたします。どうぞ、いつでもお申し付けください」

といった細やかな気遣いのあるセリフであれば、顧客はこのホテルを選んで良かったと思うはずです。

「お部屋の温度はこのぐらいで如何でしょうか？　伊藤様は仙台からお越しなので、温度は少し低めにセットしておきました。お好みがございましたら、どうぞおっしゃってください」

「明日の朝は少し早いのですが、5時半ごろこのお部屋のテラスから日の出がご覧いただけます。お目覚めのコーヒーをお部屋にお届けいたしますので、どうぞよろしければお申し付けください。ご朝食は、ルームサービスあるいは、木陰で涼しく過ごしていただける、ガーデンレストランをご利用くださいませ。レストランの開く朝6時半ごろから、小鳥たちもテーブル近くまでやってきますので、のどかでリラックスしていただけるのではないかと思います」

といった、相手を思った心遣いや何気ない情報を顧客は喜ぶものです。お仕着せのご案内や親切の押し売りにならないよう注意が必要ですが、遠くからやってこられた顧客に安心と期待を与えるセリフは重要です。

お客様には、当然事務的に伝えなければならないことがいくつかあります。そのためにホテルはマニュアル帳を用意しています。しかし、そのようなマニュアルに頼ったやり取りだけではお客様の「心や気持ち」を動かすことは出来ません。ホテルはお客様の「心や気持ち」を感じ取って初めて、ホテルを訪れた感動を誘い、夢を与えることになるのです。

④人を助ける

ホスピタリティーの語源はラテン語の hospes から来ています。ホスピタリティーは〝人をもてなす〟という意味の前に、〝人を助ける〟（長旅で疲れた旅人に食事や宿泊を提供し、病人や怪我人に手当てを施す）という意味がこめられています。つまりホスピタリティーの言葉には、人の「心や気持ち」それも〝優しい気持ち〟〝温かい気持ち〟がこめられています。

現代の社会にあっても、人はこのホスピタリティーを発揮することで様々な人に喜びを与え、豊かな人間関係を築くことが出来ます。

またサービス経済社会では、サービス産業やホスピタリティー産業という言葉が、特に定義されずに使われていますが、近い将来は全てホスピタリティー産業と総称されるようになるかもしれません。

「人の命や、困っている人を助ける、人を喜ばす、楽しませる、身体や気持ちを豊かにする」、こうした産業自体の性格を現す業種は、ホスピタリティー産業として括られるようになるかもしれません。病院や学校、ホテルや遊園地、銀行や保険会社、販売店や輸送会社、電力供給会社やガス会社、マスコミや行政機関、このように官民問わず第三次産業の殆どが、「人の命や、困っている人を助ける、人を喜ばす、楽しませる、身体や気持ちを豊かにする」ことに関わってくるかもしれません。

産業分類体系を混乱に陥れるつもりはありませんが、第一次産業にも、第二次産業にも「人の命や、困っている人を助ける、人を喜ばす、楽しませる、身体や気持ちを豊かにする」必要があると思います。ホスピタリティーは少数の特権階級のものではなく、全ての人々に提供し、喜んでもらえるものです。まさにホスピタリティーは、人々に夢を与えるものなのです。

第6章　日本にホスピタリティーを持ってきた男

――犬丸徹三物語――

ホスピタリティー産業に従事し、あるいはビジネスにホスピタリティーの要素を取り入れようとしている多くの方のために、「ホスピタリティー」という概念を導入し実践してきた一人のホテルマンの人生をご紹介します。多くの関係者から伺ったお話や、すでに伝説となっているエピソードをもとにその方の人生を辿ってみたいと思います。

「東京高商（東京高等商業＝現在の一橋大学）を卒業しながら、一介の料理人としてホテルで働いているのは、伝統ある一ツ橋の面汚しだ」（坂口昭著『犬丸徹三』より／時事通信社刊）。

これは、今から90年前（大正2年）、上海の「バリントン・ホテル」でコックとして働いていたひとりの男が、上海に在住していた東京高商の同窓会有志から受け取った一通の書状である。この男とは後に帝国ホテルの社長に就任し、日本のホテル王とまで言われた犬丸徹三氏（1887〜1981）その人である。当時、ホテルマンの地位は低く、国際都市・上海に在住していた約70人の東京高商の卒業生は皆、銀行や商社、領事館などに勤務する一流ビジネスマンや官僚達であった。彼がホテルの一介の料理人であったことが、よほど東京高商の卒業生には目障りだったようだ。無論、彼自身は遠く祖国を離れ、一人で黙々とホテルマン修行に励んでいたわけで、この上海で同じ学校の出身者からこのようなショッキングなメッセージを受け取り、愕然としないわけがなかった。

犬丸は涙がこぼれんばかりの無念さを、誰にも訴えることが出来なかった。この書状は、彼に憤りと不快感を与え、深く傷つけただけではなく彼を深い孤独に陥れた。一人ぼっちの自分が一層虚しく、寂寥の感に襲われたのである。どんな人間でもこれだけ屈辱的で高慢なお節介を受ければ、気にしないわけがない。彼は長い間、悩み続けた末、この気持ちを晴らすには、つべこべ言う連中をいつか見返す人物になるしか道はない、と信念も新たに将来への志を強く決意したのである。

発奮した犬丸はその後、ロンドンへ渡り、「ホルボンバイアタクト・ホテル」で働き、やがて「サヴォイ」と並ぶ超一流ホテル「クラリッジス・ホテル」に料理人として雇われることになった。徐々にホテルマンとして自信がついてきた彼は、さらに自分自身を磨こうと、料理人として必要な魚料理の調理法を実施見聞するためパリを訪れた。

この頃の彼は、

「ホテルマンは普通ではだめだ、それ以上の一流を目指さなくては本物のホテルマンとはいえない」

と今まで以上に、一流のホテルマンになることを強く意識するようになっていた。ヨーロッパで修行を重ねる犬丸は、多少自信がついたとはいえ、このまま日本に帰っても、自分を必要としてくれるところがあるかどうかは不安であった。物事を徹底してやらないと気が済まない性格も手伝って、彼は、これから世界をリードするのは米国だと感じ取り、ニューヨークに渡る決心をする。

上海以来孤独感を味わうことには慣れた彼は、再びたった一人で何のコネもないニューヨークに旅立った。ニューヨークでは幸いにもヨーロッパの経験がものをいい一流ホテル「リッツガルトン・ホテル」の料理人としての腕を揮うことになった。このホテルで無難に仕事をこなすことの出来た彼は、ニューヨークに来て密かに挑戦したいと思いを寄せていた、当時客室数一五〇〇を超え、世界に誇る超一流ホテル「ウォルドルフ・アストリア・ホテル」に移籍するチャンスをつかんだ。

さらに幸運にも、「ウォルドルフ・アストリア・ホテル」にはブーマという名総支配人がおり、彼はこのブーマ氏より直接、一流ホテルマンとしての多くの手ほどきを受ける機会を得たのである。

そこに至るまで、彼の人生は失望や落胆、孤独や屈辱の連続であった。「ホルボンバイアタクト・ホテル」でキッチン・ポーターを志願し、収入の激減で金銭的な辛苦を舐めたこともあった。そうした辛い修業時代を乗り超え、ようやくニューヨークの地でホテルマンとしての最後の仕上げにかかるチャンスに巡り会い、上海時代とは比較にならないほど、幸せの絶頂期を迎えることができたのであった。

そんな時期、日本の林愛作氏（当時の帝国ホテル常務取締役支配人）から、犬丸を歓喜させる一通の手紙が届いた。

実は、彼は上海時代の前にも幾多の苦労を重ねていた。東京高商の卒業時は、社会不況で就職口もなく、やっと知人の紹介で入社できたのが満鉄経営の「長春ヤマト・ホテル」だった。彼の当初の希望は外交官になることだったが、熱中した学生運動が祟って、外交官試験にパスする成績に至らず、やむなく断念し、結果ホテルマンの道を選ばざるを得なくなったのだ。

その「長春ヤマト・ホテル」では、慣れない接客業務やボーイの身分で自尊心が傷つき、自己嫌悪にも陥っていた。何とか仕事に慣れようと気持ちを切り替え懸命に努力したが、ホテルマンという職業を蔑視する気分になったり、ホテルは男子の一生を託す職場ではないかもしれないと疑心暗鬼に陥って、悩み続けたのである。

次に移った「大道ヤマト・ホテル」では設備費や顧客のために必要な修繕費を出したがらぬホテルの経営方針に納得出来ず、何回も上層部に意見具申をしてみるが聞き入れられず怒り心頭に達していた。ついには満鉄の経営方針とそのホテル自体に魅力や遣り甲斐を見出せないまま、心身とも疲れ果ててしまい、自らの意志で上海に渡ったのである。そのあげくの果てが、東京高商卒業生からの屈辱的な書状だった。

しかし、彼は精神的な打撃をバネに奮起し、挫折することなくアジア、ヨーロッパ、アメリカと大陸を渡り歩き、ただひたすらにホテルマンへの道を諦めず突き進んだのである。そして、ついに帝国ホテルの支配人林愛作氏から「帝国ホテルに貴君を是非招聘したい」という手紙を受け取ったのである。

1919年（大正8年）、日本郵船「天洋丸」の一等船客で太平洋を渡り、横浜に向かう犬丸は、その10年前に玄界灘を渡って釜山経由で長春に向かった彼とは、まさに別人であった。世をはばかる落武者から、故郷に錦を飾る英雄としての凱旋である。

帰国後休む間もなく帝国ホテルに赴き、大倉喜八郎会長から「帝国ホテル副支配人を命ず」との辞令を交付された。彼は心からの幸福感を味わい、長く辛い修業時代を乗り超えたからこそ、この栄誉に浴することができたのだと感動をおぼえた。

着任後、彼は早速帝国ホテル新館（ライト館）建設の重大な課題となっていた調理場の設計に取りかかった。

米国の建築家フランク・ロイド・ライトはホテルの調理場設計の経験がなかったため、全てを米国帰りの犬丸に任せたのである。そこで彼は調理器具の配置から、調理人の動線、通行規則（左側通行）、レストランと調理場の料理や器の詳細な措置まで創意工夫し、合理的かつ能率的な調理場の設計図を完成させた。彼の設計がライトに採用されたのは言うまでもない。日本のホテル史に残る帝国ホテルのライト館が完成したのは、7年の歳月を費やした1923年（大正12年）の8月のことであった。

1923年（大正12年）9月1日午前11時58分、突然異様な轟音が起こったかと思った瞬間、大地が物凄い勢いで揺れ、やがて大波を打ち、振動は恐ろしいほど激しいものになった。市街地では家屋が倒壊し、八方から土煙が上がり、それに続いていたるところから火柱が上がり始めた。関東大震災である。関東地方を襲ったこの大地震は14万2千人の犠牲者を出し、日本史上最大の地震災害となった。

犬丸はこの日、朝からいつもより幾分緊張した面持ちで、忙しくホテルの中を駆けずり回っていた。彼にとってこの日は、その年の4月に副支配人から支配人に昇格し、最も緊張する大イベント「帝国ホテル新館 ライト館」のオープニングセレモニーの当日であったからだ。現場の総責任者である帝国ホテル支配人としてなすべき準備を全て整え、和服の正装に身を包んだ彼は、自室で招待客の到着を待った。この時彼の頭の中は、絶対にこのイベントを成功させなければならないという重圧感で一杯だった。準備の段階から、セレモニーの段取りを頭の中で何回も反芻し、自ら現場を指揮したのだから手抜かりや見落としはない、各界の名士やVIP約500人を招いてのライト館最初のイベントは予定通り始まり無事終了するに違いない、とじっと自分に言い聞かせていた。彼自身このイベントが、不成功に終わったら自分の進退を考える覚悟でいた。緊張の時間が長く感じられ、それを跳ね返すように、頭の中では何回も何回も段取りを反芻し、それでも念を入れ準備にぬかりがないか確認をしていた。

彼がこのイベントを成功させなくてはならないと強く心に抱いていた理由は、帝国ホテル支配人としての初仕事以外にも重大な事情があった。

このライト館は、予定の施行期間と建築費予算を大幅にオーバーし、完成に至るまで苦労の連続で、それは決してなまやさしいものではなかった。したがって、なおのこと完成後の事業の成功は重大課題であった。もともと使命感の強い犬丸にとってこの局面打開の重圧は並大抵のものではなかった。

犬丸の胸中には、どんなことがあっても業績を上げ、帝国ホテルの名声を、名実共に世界に誇る国際第一級のものにする、という強い使命感で溢れていた。しかし一方では、自分がやらねばと逸る気持ちと、自分にできるだろうか、という不安が入り混じり、気持ちの落ち着く日はこの日まで一日たりともなかった。

そうした時、彼の頭の中に走馬灯のように現れるのが、上海での屈辱的な出来事「東京高商を卒業しながら、一介の料理人としてホテルで働いているのは、伝統ある一ツ橋の面汚しだ」との同窓生の心無い批判。あのとき味わった悔しさは今でも鮮明に蘇る。しかし、一方では萎えた気持ちを高ぶらせる思い出も蘇る。ロンドンで調理人として雇われたときの喜び。さらに、ニューヨークの「ウォルドルフ・アストリア・ホテル」総支配人ブーマ氏より、ホテルでのサービスの原点がホスピタリティーであることを直接教授されたときの感動……と様々な回想である。こうした思い出に浸っていると最後にはいつも、現在の自分には一体何が必要で、そして何をしなければならないか、何か熱い情熱のようなものが湧き上がってくる。そしてそれは暗い不安の影を追い払ってくれるのである。

犬丸はライト館オープンのこの日を迎えるに当って、帝国ホテルを成功させるには志操堅固であることと、精励恪勤で臨む以外はないと決意を新たにしていた。熱い熱気でほてる自分の顔を両手で一、二度軽く叩き「よし、もう一度館内を見回っておこう」と腰を上げようとした。その時である。

突然どこからか轟くようなゴーという地鳴り。次の瞬間、床から突き上げるような激しい揺れが始まった。何と言う運命のいたずらか、さんざん苦労し欧米のホテルオペレーシヨンとホスピタリティーを習得し、やっと手にした東京での就職、そして彼を見下した連中を見返すに相応しい日本一のホテルの支配人の晴れの日に、大地震が起ころうとは……。

上下に激しく揺れる彼の部屋の書類棚や本箱からは、資料や書物が放り出され、スタンドは倒れ、額は傾き、柱時計も激しく揺れるうちに、揺れがようやく収まった。椅子に座っていたが立つのもままならない彼は、やっとの思いで壁に手をつき立ち上がると室内にいた2人の部下に。

「おい、地震だ！　直ぐには飛び出すな、危険だ！」

と叫び、揺れの収まるのをその場で待った。頃合いを見計らい部屋を飛び出した犬丸は本能的に調理場に全速力で走った。調理場には既に人の姿はなかった。だが案の定、そこには電気炉が赤々と燃え、その上には油の入った大きな鍋がかかったままになっていた。しかも、周りに油が飛び散り、炎を上げているではないか。

彼は大声で「誰かいないか？」と、床から点々と立ち上る小さな炎を足で踏み消しながら叫んだ。すると、調理台の下に避難していたパティシェが3人恐る恐る顔を出した。彼はこの3人に「すぐ、あの釜をおろせ」と指示し、自らは電気炉の電源を切ろうと室内のスイッチを切って回るが、なかなか炉の電気は消えない。どうすべきか一瞬途方にくれたが、意を決した彼はホテルの電気室に再び全速力で走った。そこで彼は、「メインスイッチを直ぐ切れ」と、電気技師に命じた。ホテルのメインスイッチを切れば当然全館消灯してしまう。犬丸の大英断である。彼は、宿泊中の顧客の安全とホテル火災の恐ろしさを考え、もはや躊躇することはなかった。不安と恐怖でなすすべのない電気技師は犬丸の命令に無我夢中で従い、普段絶対に切ることのないホテルのメインスイッチを切った。ホテルは全館真っ暗闇になった。彼はこの時火災さえ起こさなければ、宿泊客は助かると直感したのである。

電気室を出た犬丸は、ホテルの裏玄関に出て延焼の危険はないか、近隣の様子を確認しようとした。すると道路の向こう側の東京電灯本社の窓から黒煙が立ち上っているではないか。東京電灯本社はすでに火災が発生していたのである。犬丸は直ちにホテルの消火栓を使って消火を試みるが、既に水道管が破裂し放水は不可能であった。この時、彼は自分が支配人室から飛び出したままの和服の礼装であることに気付いた。急いで支配入室に戻った彼は、これが一番活動しやすかろうと、乗馬服を取り出し着替えた。そして再びホテルの外へ飛び出してみると、何とホテル周辺のビルは殆ど火災を起こしていたのである。
幸いにも、何百本もの松杭を埋め軟弱な地盤の基礎工事に、時間と手間をかけた帝国ホテルのライト館は建物の構造の良さも加わり、この大地震に揺れはしたが全くの無傷といってよかった。しかし、火災は別だ。火事だけは何としてでも防がねばならないと、彼はホテルの全てのシャッターを閉めさせ、周囲からの火の粉や煙の侵入を防いだ。ホテル北側の愛国生命ビルの出火は、帝国ホテルの従業員が炎上する建物に突入し火を消し止めたが、それでも周辺の火災は止まることなく火の粉をホテルに降り注いできた。この時点では宿泊客も従業員と一緒になり、飛び火でホテルの布装の日除けなどが延焼しないよう必死でくい止めた。犬丸はこの巨大地震発生と同時に、陣頭指揮を執り、あらゆる手だてを講じ火災からホテルが類焼するのを防ぎ、ついに帝国ホテルを守り抜いたのであった。

この物語はまだ続きますが一旦ここで終わりにします。

さて、皆さん。『犬丸徹三物語』を読んでどのように感じたでしょうか。前半では、彼がホテルマンの地位の低さから受けた挫折感と屈辱感から次第にホスピタリティー精神の大切さを自覚し、プロフェッショナルとしての自信が芽生えたことを窺うことができます。後半では、彼がホテルに命を掛けたリーダーたる気概を見ることができたと思います。犬丸徹三氏は、当時日本ではお手本のなかったホテルマネジメントを自ら苦労し修行の末習得し、それを実践した人物で、帝国ホテルのマネジメント以外にも多くの日本国内の一流ホテル開業に尽力し、人材の供給にも寄与したことなどから、日本のホテル王といわれるようになりました。帝国ホテルは明治23年に開業して以来日本国の迎賓館的な立場で内外の多くの要人を迎えてきた日本を代表するホテルでした。しかし、残念ながらホテル経営については開業以来赤字が続いていました。関東大震災から帝国ホテルを救った犬丸徹三氏はこのホテルを何としてでも経営的にも立ち直らせ、ホテルとしても一流を保つよう生涯を通し努力しました。そうした犬丸徹三氏のホテルマネジメント手法はただ単に米国式のもの真似でなく、日本人による日本のホテル作りがふんだんに取り入れられていました。そうした中、犬丸徹三氏はホスピタリティーについてだけは、欧米の模倣であろうと絶対に必要なものとして、ホテルオペレーションの中心に据えホテルマネジメントを実行したのです。

日本のホテルマンの地位向上にも、犬丸徹三氏は熱心に取り組みました。
例えば、日本のチップ制度廃止の音頭をとったのも犬丸徹三氏です。実はこれは外国人誘致策の一環とだけ捉えられていますが、犬丸氏はホテルマンの地位向上を含んだ妙案と考えていたようです。

ホテル従業員給与は、昭和39年（1964年）東京オリンピック前までは他の業界レベルに比べ高くはありませんでした。その理由は、日本に限らずホテル従業員の収入は会社から支給される給与のほか、利用客からのチップも見込まれていたからです。ところが、東京オリンピックを機に海外からの利用客の便宜性を優先するという理由から、日本のホテルはチップ制度を廃止してしまいました。その代わり利用客からサービス料を徴収することにしたのです。

彼は本当にチップ制度が無用と考えていたのでしょうか？　実は、犬丸氏にはチップ制度廃止の音頭をとった理由が他にもありました。日本人の発想には上の者が下の者を見下した気持ちで心づけ（チップ）を払うという観念があって、これを払拭するには、ホテルマンがお客からチップをもらわないことだと、自分の人生体験を通して考えたのです。

また、ホテルマンなどのサービス業には、一流のビジネスマンは就かないものとした世間の常識を覆し、ホテル業は命を掛けても遣り甲斐のある職業だと身をもって証明してくれた人物でもあります。「ホテルマンが人にサービスするのは個人的な見返りを期待してするものでなく、ホスピタリティーを発揮し、相手に喜んでもらうためにするのだ」といった日本のホテルマンの基本的な姿勢と職業に対する誇りを確立させようと考えたのです。犬丸氏はホスピタリティーを日本に初めて持ってきた人物です。そしてホスピタリティーこそが一流ホテルマンを支える要であると考えていたのでした。

犬丸徹三氏は、最初から国際人を目指したわけではありません。しかし、修行を重ねるうちに、ホテル業を極めるには欧米の進んだ技術や知識の習得が必要不可欠だと悟ったのです。しかも一方では、何よりもホスピタリティーの重要性を知ったことが彼を大きく変えるきっかけになりました。ホテルマンの地位の低さ、人に仕えることの屈辱、やった者でないと分からないホテルマンのむなしさ、そんな体験をした彼を変えさせたのが、ホスピタリティーの精神です。ホスピタリティーを持った一流のホテルマンを目指す強い志があったからこそ、苦悩や迷いに押しつぶされずに済んだのです。今日活躍するホテルマンたちも、犬丸徹三氏のように世界に通じるホスピタリティーの習得を目指して頑張って欲しいと思います。

犬丸氏は最初から望んでホテルマンになったわけではありません。いや、むしろ仕方なくホテルマンの道を選ばざるを得なかった、という方が正しいでしょう。最初の出発点がどうであったにせよ、彼はホテルマンの道を一旦選んだからには、歯を食いしばって頑張りました。彼は、人から教えてもらうことを待つのでなく、自ら修行しようと決断し、日本に帰国することは一度もありませんでした。当時、日本にはキャリア・デベロップメントのプログラム・システムは皆無で、欧米で修行しなければ優れた技術や知識は得られないと判断したのです。時には「ホテルマンそのものが日本では認知されていない、こんなことを続けていいのだろうか」と不安に苛まれ、八方ふさがりになりながらも、なんとか自分の道を切り拓こうとしたのです。

日本のホスピタリティー業界は、今後一層外資の凄まじい進出に苦しめられるでしょう。世界市場の競争に勝てる人材が、これからの時代どうしても必要です。今私たちは、あらゆることを学べる環境に恵まれています。この恵まれすぎた環境が、かえって一流の国際人になる機会を疎外しているのかもしれません。だからこそ、若者たちはもっと世界に出て、身体全体で奥深いホスピタリティーを習得してもらいたいと思っています。ホスピタリティー事業の研究は、まだまだ必要だと私は痛感しています。

21世紀を担うホスピタリティー産業界の人々にも、このような根性が欲しいものです。困難な道は避けて通ろうなどと思ってはいけません。人に言われるまで行動に移さないようでは遅すぎます。今から95年前（１９１０年）に日本を発った彼が出来たのですから、現在の若者達にも必ず出来ます。自分の道は自分で拓いて、自分の夢をぜひ実現させてください。

犬丸徹三氏は苦しかった修行時代を省みて、こんな言葉を残しています。

「初めから、思い通りの職場にいけるとは限らない。しかし、どこであれ、『そこで光る』ことである。どんな小さな仕事でも、ぴかぴかに輝くくらいに、仕上げることである。その人に信用ができる。その人が一流になる。一流と言われる会社にいる人が、一流なのではない。『一流の人間』が働いている会社こそ、どこであれ、何であれ、一流なのである」

また、現役時代、次のような点に気を配っていたと聞いています。

●リーダーは孤独が当たり前、人に頼ってはだめ
●株主や経営陣との軋轢は当たり前、だが解決には努力が必要
●物事は志操堅固で望むべし
●率先垂範は部下を成長させる
●夢を現実化させるのが総支配人の仕事
●日本でもホスピタリティー産業は育つ
●親切・丁寧・迅速・協同・礼儀・保健・清潔・節約・研究・記憶・敬慎・感謝の意識が大切、ホテルマン全員がこれを守ればよい
●心がこもっていれば普通のサービスで良い
●自分がしてもらいたいサービスは人も喜ぶ

●商品は見本と同じ物を出さなくてはだめ
●グローバルな人間であるべし
●信念あるリーダーシップがホテルを救う
●ホテルマンは職業に誇りを持つべき
●サービスの最高峰はホテル、その原点はホスピタリティー

犬丸徹三氏の残したサービスマン精神を、現在でも私たちは大切にしたいと思います。

終わりに

私は1966年にホテル業界に入りました。何か特別な動機のようなものがあったわけではなく全くの偶然でした。学生時代は音楽に明け暮れ、将来は漠然と音楽で身を立てて行くんだと思っていました。しかし、不安定な収入ではこの先結婚もできないと突然現実に目覚め、偶然見つけたある航空会社の客室乗務員募集に応募しました。筆記試験から始まり、英会話、面接と奇跡的にパスし、役員面接の後の第七次試験の身体検査で落とされてしまいました。実は他の事はさておき体力だけは自信があったのでかなり落胆しました。身体検査は大学病院で再検査までしてくれたのですが、結局右の耳が軽度の難聴で、気圧の変化の激しい機上勤務は無理だという結論になりました。どうやら難聴は学生時代の音楽の大音響が原因のようです。

そんな就職浪人直前の私に友人から救いの連絡が入ってきました。友人は自分の働いているホテルで補充人員の募集をやっているので応募してみてはどうかというのです。私はすぐに履歴書を用意しそのホテルに赴きました。今度は耳の検査などありませんので何とか採用して頂くことになりました。これが私のホテルマン人生のスタートです。

友人の救いの連絡がきっかけで最初に働いたホテルは、すべてが物珍しく、苦労より楽しさの方が優先しました。ホテルの業務に関しては全く無知な私は、ホテルでの箸の上げ下ろしから教わらなくてはなりませんでしたが、辛いなどとはまったく思いませんでした。それより、知らないことを知れば知るほどホテルの素晴らしさに魅了されて行ったのです。私はホテルマンという仕事が好きで好きでたまらなくなりました。

丁度入社して半年が経過したころ、ある方からホテルがそれほど好きなら、犬丸さん（当時帝国ホテル社長の犬丸徹三氏）がやってきたように勉強しなさいとアドバイスを受けました。私はそれ以来、いろいろな方から犬丸さんのお話を聞いているうちに、犬丸徹三氏の次男の犬丸二郎氏の芝パークホテルに入れていただく機会を得ました。8月の雨の降るある日私は二郎社長の面接に赴くため、芝パークホテルを訪れました。しかしホテルを訪れてびっくりしました。芝パークホテルがあまりにも古かったからです。私は心の中で本当にこのホテルに移ってよいのだろうかと迷いました。だが、教分後、二郎社長にお会いして私の迷いは一瞬にして吹き飛びました。犬丸二郎氏は私の想像をはるかに超えた素晴らしいホテルマンだったからです。私は今までこんなタイプのホテルマンには会ったことかありませんでした。気さくで、専門家くさくなく、その上会話がスマートで人を引き付けます。威厳を持ちながら人を威圧しない人柄は、話をしていると自然に、将来こんな人物になりたいと思わせる魅力を秘めていました。

このとき私は、この感動がその後私をこのホテルに23年もの長きにわたりおし留めることになるとは想像もしていませんでした。

芝パークホテルのホテル経営は帝国ホテルとはまったく異にしていました。会長が帝国ホテル社長の犬丸徹三氏だったのですが、全く経営方針が違うのです。その理由は後で知りました。ホテルにはそれぞれの生まれながらの個性があり、大きなホテルは大きいなりの、小さなホテルは小さいなりにあるので、ホテルの風袋に合わせた経営のやり方をやらないとホテル経営はうまくいかないというのです。

つまり、ホテルでも人間でも自分を知り分相応な立ち振る舞いが重要だというのです。

また、ホテルは顧客、株主、従業員、今で言うステークホルダーが大切で、そのためには運営担当者は無駄を省き少なくてもいいから利益を出す工夫が必要だというのです。さらに、ホスピタリティーとは「儲けることではなく気遣うことだ」というのです。これは、ホテルだからホスピタリティーを利用して商売をするというのでなく、ホスピタリティーを優先させて商売をするというものでした。

ある時、芝パークホテルのマネジメント会議でこんなことがありましたのでひとつご紹介をします。

ベテランのレストランマネージャーが「今日は昼のランチに初めてご利用のお客様がいらしたので、いろいろお薦めしたら一人4000円使っていただきました」と発言したところ、すかさず犬丸二郎社長は「初めてのお客様が接待でもないのにランチに4000円も使わされたら、そんな店には2度と行かないよ」と、ベテランマネジャーを戒めました。会議の後、犬丸社長は「俺は自分の昼飯に1000円から2000円しか使わないよ。皆も大体同じだろう。さっきのお客様も同じはずだ。それを初めてだから薦められるまま食べたら4000円になった。店のほうは儲かったと得意になっているようだが、それではお客を失う。儲けることだけではなく相手を気遣うこともたいせつだよ」と商売よりホスピタリティー優先のわかりやすい話をしてくださいました。

犬丸社長は自ら「俺はケチ丸社長と呼ばれている」と言っておられました。確かに無駄なことがお嫌いで、全てにおいて合理的、効率的なことを好まれました。それは、こうした理由があったからです。ホテルで稼いだお金は全従業員の汗の結晶だ。この金を使うのは簡単だが、無駄にだけは使ってはならない。とお金の使い方には大変厳しい姿勢を示されておりました。バブルの真っ只中でも周囲がさまざまな財テクを勧めるのを「金は汗水流して稼がなくてはだめだ、あぶく銭は失うのも早い」とかたくなに手を出さずにいました。

私はこうした社長の元で、ホスピタリティーこそがホテルを救うということを身をもって学びました。

戦後、進駐軍は学校の宿舎を婦人将校の宿舎として接収しました。その後、GHQはバイヤーズホテルとして犬丸徹三氏に国営ホテルを設立させました。これが芝パークホテルです。

当初は米国からの貿易団専用のホテルだった芝パークホテルはやがて民営化され、次男の二郎氏が経営の采配を振るうようになりました。最初はすべて借地であった敷地を徐々に買収し30年後には1100坪全て自社所有地にしてしまいました。どんな時代にも無理をしない分相応な経営で「小さくてもホスピタリティーを発揮する良いホテル」を実践された犬丸二郎社長から学んだ多くのマネジメント手法は現在でも私の支えになっています。

私はその後、ハウステンボス内で5つのホテルを運営していたNHVホテルズインターナショナルに縁あって移ることになりました。ここでは創業当時の窪山哲雄社長から新しい時代のホテル運営と人材育成に関し全く新しい角度から学びました。

窪山社長は、犬丸徹三氏の再来を思わせる他に類をみない思想を持っている人でした。犬丸徹三氏が上海時代、一ツ橋の同窓生に「ホテルマンなどやめてしまえ」とその職業の地位の低さがために受けた屈辱に涙を飲んだ話は本編にもご紹介していますが、窪山氏も「現在でもホテルマンの地位は決して高いものではない。バンカー、ロイヤー、ドクターなどと同等の職種であるはずが世間はまだそうはみていない」と嘆いていました。だからこそ、「日本でも一流のホテルマンを育成する必要がある」と人材育成に関してその重要性に早くから目を付けておられました。そして、ホテルマンを育てる上でもっとも大切なことは、技術を教えることではなくまず「心」つまりホスピタリティーを教えることだ、その次に「技術」、最後が「体」作り（健康）、これを一言で表すと「心技体」となる、と言っています。

サービスについても、これからのホテルはストレスの解消ができるホテルでなくてはならない。そのためには、お客様に何か言われてから行動を起こすのでなく、こちらからお客様を感動させるサービスを積極的に提供することだと、これらをホテル運営で実践されてきました。窪山社長は、凡人とは格が違う一種の天才に近い人でしたので、その考えは全て「なるほどこれからのホテルはかくあるべきだ」と多くの人々をうならせる発言が多かったのです。しかし、理想と理論が先行しても実現するのはある程度の時間がかかるという難しさも問題としてありました。窪山哲雄氏は少しばかり早く生まれすぎたのではないでしょうか。窪山氏も常々「ホテル業にホスピタリティーありき」と言い続け実行してこられました。窪山社長と共にした5年間、ハウステンボス本体は残念ながら赤字でしたが、ホテル会社は窪山社長の采配が見事に反映され、GOP（営業利益）で毎年黒字を計上し、客室一室あたりの売り上げも都心の一流ホテルを抜き日本一を続けました。

偶然なったホテルマンではありましたが、周囲の人々に恵まれ支えられたおかげで私はホテルを心から好きになりました。そして、そこに潜んでいるホスピタリティーに触れ、これこそ人間の原点ではないかとまで思うようになりました。

しかし、一方では世の中にはホスピタリティーをビジネスマナーや礼儀作法の延長線ぐらいにしか見てない人がいることに驚かされました。また、ホスピタリティーそのものが何であるか、サービスの専門家であっても正確にご存知ないという人が多いのにも驚かされました。

厳しい時代だからこそ絶好の機会！

今、日本は不況の底から這い上がろうとしています。ほとんどの企業が、不況の影響をまともに受け、大変な苦戦を強いられてきました。多くの企業が経営の継続を危ぶまれる事態に陥り、中には無念にも継続を断念せざるをえない企業もありました。企業にとって、良い環境が整ったのかというと、そうでもなく、まだ予断を許せる状況ではありません。

私たちは、ここで大きく発想を変えなければならない時を迎えています。八方手を尽くし一生懸命やってきた苦労や経験は尊いものですが、従来の方法を続けているだけでは根本的な解決にはなりません。厳しい時代だからこそ、全く新しい経営コンセプトによるマネジメントとオペレーションシステム導入の絶好の機会であると言えるのです。

様々な「苦境脱出」策は、おそらくあなたの企業だけでなく競合他社においても同じ状況だったと思います。敵も味方も、誰も彼も、日本国中、同じ「苦境脱出」を図って来たと思います。今の企業に勝ち組があるなら、自分の企業は他社とは違う道を発見し、何としてでも勝ち組に入るべきです。このキーワードが「ホスピタリティー」なのです。

本書では、企業はソロバンより人材、つまり「人の心」が重要だと言ってきました。大手スーパーマーケットの経営再建策については、財務支援をどこから受けるのか、銀行か再生機構かと話題になりました。確かに財務問題は企業にとって命であり、企業を立て直す上で無視できないことは間違いありません。しかし、そこで働く人、そこを利用する人をどう活用してゆくかという方が大切なのです。

例えば近代経済学者のケインズは、「株価は美人コンテストの美人投票のようなものだ」と述べています。これは、自分が一番美人だと思った人を選んでも、他の多くの人がその人を選ばなければ自分が一番の美人を選んだことにならない」と株価が決まる要因を例えています。

経済社会は、株価だけでなく常に「人は何を考えているか?」「人の気持ちは?」「人の心は?」と読めなければなりません。企業は大切な財務を無視するのではなく、財務に気を取られ「人」を忘れると、存続が困難になると、お伝えしたいと思います。

本書は、これからのサービス経済社会ではホスピタリティーが主役になると、主張しています。しかし、これは実行する皆さんが証明することでもあります。厳しい時代だからこそ、新しいことに取り組む絶好の機会なのではないでしょうか。皆さんのご健闘を心よりお祈り申し上げております。

海老原　靖也（えびはら・やすなり）

1943年東京生まれ。

明治学院大学経済学部卒業。犬丸徹三氏設立の芝パークホテルでホテルマンのキャリアを積み、ハウステンボスでホテルヨーロッパ他4つの高級ホテル運営の㈱NHVホテルズ・インターナショナルの常務取締役、㈱ザ・ウィンザーホテルズ・インターナショナルの常務取締役、㈱グリーン・ホテルマネジメント専務取締役などを歴任。現在ホスピタリティー産業における人材育成、ホテルマネジメントの実務専門家。ABCホテル・マネジメント代表、日本ホテル・レストラン・コンサルタント協会常務理事、大正大学客員教授。

大正大学まんだらライブラリー　5

ホスピタリティー入門

2005年6月1日　第1刷発行
2011年11月3日　第2刷発行

著　者　海老原 靖也

発行者　石 田 順 子

発　売　大正大学出版会
〒170-8740 東京都豊島区西巣鴨3-20-1

電　話　03-5394-3045　FAX 03-5394-3093

編集協力　岩 城 レイ子
表紙カバー作画協力　小 峰 智 行
制作・発行　株式会社ティー・マップ
（大正大学事業法人）
印刷・製本　大日本印刷株式会社

 1SBN4-924297-32-1 C0234 Printed in Japan

大正大学まんだらライブラリー発刊に際して

二十一世紀に入り、世界と日本は危機的状況にあります。新世紀が希望でもって迎えられると思いきや、逆にアメリカにおけるテロと報復戦争でもって今世紀が始まりました。そしてその戦争が泥沼化しつつあります。一方、二十世紀に先進国が遂行した高度経済成長による弊害は、ますます顕著になって今世紀に持ち越されました。高度経済成長は必ずや地球資源の浪費を招来します。その結果、資源の涸渇を招き、エネルギー危機になり、環境破壊が進行します。しかも今世紀に入って、世界最大の人口を持つ中国およびインドが高度経済成長国に加わってきました。ということは、二十世紀が解決できなかった諸問題がより増幅されて今世紀に突き付けられているわけです。世界はいま、破局を迎えており、日本もそれに連動して破局に直面しています。

それがゆえに、いま、日本人は「生き方」に迷っています。この混迷の時代をどう生きればいいのか、戸惑っています。

いま、大いなる智恵が求められています。従来の智恵は役に立ちません。従来の智恵は、高度経済成長を支えるための智恵であり、競争原理にもとづく社会の中でうまく立ち回る智恵でした。しかし、競争原理にもとづく高度経済成長社会そのものが行き詰まっているのですから、その中で立ち回るための智恵は役に立たないのです。いま求められているのは、大いなる智恵であり、本物の智恵です。

幸いに大正大学は、仏教を創立の理念とした大学です。しかも宗派に所属する大学ではなしに、宗派を超えた仏教の大学です。そして仏教は、われわれに大いなる智恵、本物の智恵を教えてくれます。

それゆえ、この仏教の智恵を裏づけにし、同時に大学にふさわしい総合的な知識・情報を、混迷せる現代日本社会に発信していくのが大正大学の責務だとわたしたちは考えました。そのような意図でもって、われわれはこの「大正大学まんだらライブラリー」を世に送り出します。現代人の指針となれば幸いです。【二〇〇四年七月】

大正大学出版会の本

単行本

真っ赤なウソ
―地獄も極楽も真っ赤なウソ―

ベストセラーを独走する、養老孟司の仏教に関する最新講義集を一冊にまとめた。一見逆説じつはまともな、おもしろく読みやすく、しかもためになる待望の一冊。

養老孟司著

平泉の文化遺産を語る
―わが心の人々―

平泉は、東日本で突出した文化遺産の宝庫。「述べて作らずに」、その内側と外側から、学術書の枠を超えた評言・証言。著者の心にのこる人々をとおして、平泉の歴史と景観、信の美と用の美を語るエッセイ。

佐々木邦世著

三大宗教 天国・地獄QUEST
―伝統的な他界観から現代のスピリチュアルまで―

アメリカ人の84.8%が、天国があると信じている!?イラン国民は94.1%が……そして、日本人は?? 死んだらどこへ行くのか? それぞれの死生観の違いと共通性を理解することにより、世界の調和を、新しい角度から考え直す。

藤原聖子著

十三仏の鑑賞と描き方
―我が家の十三仏を描こう―

仏画を描くための「十三仏について」「十三の描き方―材料と技法」、「十三仏尊像集」、「十三仏の白描画と解説」を収録。

小峰彌彦
小峰和子 編

大正大学まんだらライブラリー

釈迦物語
あきらめよ！ 苦にするな！ 自由になれ！ 釈迦の教えをやさしく解き明かす著者最新の仏教入門書。仏教とは、釈迦の思い出を核とした宗教なのです。
ひろさちや 著

地獄訪問
地獄は本当に存在するのか？ 昔から語られてきた地獄の風景をユーモアたっぷりの挿絵を通して、あらためて、現代人の生き方を問いかけます。
石上善應 著

間違いだらけのメンタルヘルス
メンタルヘルスに関する勘違いや間違った情報はこんなにある。読んだあと、心が楽になる一冊。「自分は正常だ」と信じているとかえって危ない。
野田文隆 著

ホスピタリティー入門
サービス業はもちろん、製造業から小売業まで求められるホスピタリティーマインド。その基本的考え方と仕事に活かせる習得ノウハウをわかりやすく解説。
海老原靖也 著

雅楽のこころ音楽のちから
雅楽を通して考える日本文学の特色。時を超え、国境を越え、人間の魂を動かす音楽のちから。日本にしか遺っていない中国の古典音楽と日本文化の本質を説く。
東儀秀樹 著

伝教大師の生涯と教え
天台宗開宗一二〇〇年。日本仏教の母なる存在。天台宗宗祖・最澄(伝教大師)の『身分の差なく、仏教はすべての人々を救う』。時代を超えて、仏教の真髄を伝える！
多田孝正 著

宗教のえらび方
宗教の選び方、宗教体験、宗教と言語、宗教言語ゲーム論、宗教間対話など、宗教をめぐる著者渾身の論考！
星川啓慈 著

脳が先か、心が先か
解剖学・精神医学・哲学・仏教・心理学・認知科学の観点から、「脳と心」の関係にアプローチ。
養老孟司ほか 著

「教養」のリメーク
—大学生のために—
山崎正和氏をはじめ本学教員が、大学生のためにそれぞれの専門分野から現代に生きる社会人として必要な教養について論述する。
司馬春英・星川啓慈 編
山崎正和＋大正大学教員13名 著